U0627951

高等教育名校建设工程特色专业规划教材

会计信息化（用友T3版）实用教程

主　编　左　莉　金兴霞

副主编　樊春燕　平　原

中国水利水电出版社
www.waterpub.com.cn

内 容 提 要

本教材以用友 T3 软件为操作平台，以企业实际工作过程进行内容组织，是一本基于工作过程的项目化教材。

本教材以某小型工业企业从原来手工记账到首次实施会计信息化为背景，设计了一个能覆盖所有模块主要内容的综合性大项目，该项目根据企业实际将会计信息化工作划分为 7 个项目，分别是选购并安装软件、系统建设、录入基础档案、系统初始化、处理日常业务、月末处理、编制财务报表并总结。7 个项目像一条线一样将总账管理系统、财务报表管理系统、工资管理系统、固定资产管理系统、购销存管理系统串起来，实现了财务业务一体化。

本教材采用了"项目－子项目－任务"的写作结构，涵盖 7 个项目、25 个子项目、132 个任务，子项目和任务层层递进，全面铺开，不仅覆盖了必需的教学内容，而且还涵盖会计从业资格证考证内容，将教学与考证紧密结合。

本教材可作为高职高专、应用型本科院校以及成人院校经济管理类专业会计基础的教学用书，亦可作为会计从业人员自学考证和会计实践工作的指导用书。

图书在版编目（CIP）数据

会计信息化（用友T3版）实用教程 / 左莉，金兴霞
主编. -- 北京：中国水利水电出版社，2015.9（2018.1 重印）
高等教育名校建设工程特色专业规划教材
ISBN 978-7-5170-3507-7

Ⅰ. ①会… Ⅱ. ①左… ②金… Ⅲ. ①会计信息－财务管理系统－高等学校－教材②财务软件－高等学校－教材 Ⅳ. ①F232

中国版本图书馆CIP数据核字(2015)第186042号

策划编辑：石永峰　　责任编辑：陈　洁　　封面设计：李　佳

书　　名	高等教育名校建设工程特色专业规划教材 **会计信息化（用友 T3 版）实用教程**
作　　者	主　编　左　莉　金兴霞 副主编　樊春燕　平　原
出版发行	中国水利水电出版社 （北京市海淀区玉渊潭南路 1 号 D 座　100038） 网址：www.waterpub.com.cn E-mail: mchannel@263.net（万水） 　　　　sales@waterpub.com.cn 电话：（010）68367658（发行部）、82562819（万水）
经　　售	北京科水图书销售中心（零售） 电话：（010）88383994、63202643、68545874 全国各地新华书店和相关出版物销售网点
排　　版	北京万水电子信息有限公司
印　　刷	三河市鑫金马印装有限公司
规　　格	184mm×260mm　16 开本　15 印张　379 千字
版　　次	2015 年 9 月第 1 版　2018 年 1 月第 2 次印刷
印　　数	2001—4000 册
定　　价	32.00 元

凡购买我社图书，如有缺页、倒页、脱页的，本社发行部负责调换

前　　言

2013 年 7 月 7 日，我院下发了《山东电子职业技术学院课程改革实施方案》（鲁电职院教字〔2013〕94 号），《方案》指出课程教学作为学院最基础、最常规、对教学质量最具影响力的工作，是提高教学质量的主战场。学院目前大多数课程教学还在采用传统的教学模式，重知识传授，轻技能训练，教学内容与职业实际相脱节，教学方法与学生特点不相适应，教学效果差，必须加快推进课程改革，提高教学质量，促进学院持续、稳定、健康发展。

《方案》提出 2013 年我院要启动 12 门课程改革，"会计信息化（T3）"作为首批课改立项的 12 门课程之一，应以提高学生专业能力、方法能力、社会能力和学习兴趣为目标，全面推行基于工作过程的项目化教学的课程改革。

基于此，传统的会计信息化教材已不能适应课程改革的需要，因为传统教材多是基于模块化教学方式而产生的，通常按照"会计信息化简介和软件介绍、系统管理、基础档案录入、系统初始化、总账管理系统、财务报表系统、工资管理系统、固定资产管理系统、购销存管理系统、会计信息化未来发展"的顺序来编写。传统教材的优点是软件各子系统相对独立，教与学都比较简单，但是缺点也很明显，即各子系统没有集成使用，先处理财务模块，再处理购销存业务模块，没有实现财务业务一体化，不符合企业会计信息化的实际。

因此，我们必须按照基于工作过程的项目化教学的课改思路开发出一套适合课改要求的新教材，在此情势之下，本教材应运而生。

和传统教材相比，本教材最大的特点就是它是一本基于工作过程的项目化教材。本教材依据"基于工作过程的项目化教学"的设计理念，以某小型工业企业从原来手工记账到首次实施会计信息化为背景，设计了一个能覆盖所有模块主要内容的综合性大项目，即"山东金泰制衣有限公司企业财务和业务的信息化操作（以 2014 年 1 月份为例）"，该项目根据企业实际将会计信息化工作划分为 7 个项目，分别是选购并安装软件、系统建设、录入基础档案、系统初始化、处理日常业务、月末处理、编制财务报表并总结。7 个项目像一条线一样将总账管理系统、财务报表管理系统、工资管理系统、固定资产管理系统、购销存管理系统串起来，轻松实现了各子系统的集成，实现了财务业务一体化。

本教材采用了"项目－子项目－任务"的写作结构，涵盖 7 个项目、25 个子项目、132 个任务，子项目和任务层层递进，全面铺开，不仅覆盖了必需的教学内容，而且还涵盖职业资格考证内容，将教学与考证紧密结合。

本教材由山东电子职业技术学院《会计信息化（T3）》课改组共同编写，左莉、金兴霞任主编，樊春燕、平原任副主编，参与编写的还有吕桂苹、张娟和焦玉翠。本教材在编写过程中得到了用友软件股份有限公司济南分公司、山东得象电器科技有限公司、济南传承电子科技有限公司的大力支持。来自山东水文水环境有限公司的财务经理金兴霞给予了全程指导，中国水利水电出版社的有关同志对本教材的出版给予了大力支持，在此表示衷心的感谢！

由于编者水平有限，书中难免存在错漏之处，敬请读者批评指正。

《会计信息化（T3）》课改组

2015 年 5 月

目　　录

项目一　购买并安装软件

①知道选择会计信息化软件需要考虑的因素。
②知道安装 T3 的步骤和注意事项。
③了解 T3 各子系统的功能。

①能选择适合本公司的会计信息化软件。
②能安装 T3。
③能明白用友 T3 各子系统的功能。

具有努力学习会计信息化新知识、新技术的意识和能力。

工作背景

　　山东金泰制衣有限公司（以下简称金泰制衣）是国有小型制造企业，注册资金1000万元，在职职工100人，该厂主要生产韩版女装。厂部设有办公室、财务部、采购部、生产车间、销售部这5个部门。

　　公司一直采用的是传统的手工做账模式，近几年来，由于公司高层领导有方，公司发展速度很快，年均产销量增长率在10%以上，由此带来会计业务工作量大大增加，而且越来越复杂，财务人员的工作压力也越来越大。在这种情况下，公司决定取消手工做账，采用会计信息化模式以提高工作效率，适应公司快速发展的需要。

　　2013年12月1日，公司成立了会计信息化实施小组，会计主管张磊任组长。

子项目一　选购会计信息化软件

　　目前市场上的会计信息化软件有很多，摆在张磊面前的首要任务就是如何从众多的软件中选购一款适合本公司的软件来进行会计信息化管理。

任务　选购软件

从众多的会计信息化软件中选购一款适合本公司的软件。

任务分析

1. 明确本公司所需软件的类型

选择什么样的会计信息化软件，这与企业所处的行业、规模和类型有着密切关系，同时也与管理者的特定管理目标、管理方法息息相关。

特大、大型企业多喜欢选用国外的管理软件，像 SAP、Oracle 等；生产制造企业多选用以财务为核心的 ERP 软件，以实现精细化管理，注重料、工、费的核算；商贸型企业多注重库存管理，以便及时了解商品的销售和进货状况；项目制造型企业主要关注的是从立项到项目结束之前，如何把项目顺利做完，注重协同制造类软件，包括项目、合同管理、物料等方面；小型企业喜欢使用财务业务一体化管理软件，使用这类软件的单机或网络版，满足企业内部少数人的管理需要，也解决了企业经营最关心的财务和商品问题。

相比之下，更小型的企业主要青睐于 SaaS 软件。它们往往通过依托软件公司，对数据进行托管。不过，有些企业会担心财务信息对外泄露，因而顾虑重重，此类软件的用户量不是太大。

2. 选购软件需考虑的因素

评标、定标的过程也就是选择会计信息化软件的过程。在选择的过程中，企业应着重考虑的主要因素有：

（1）软件的性能特点。

1）合法性：是指软件应符合现代化管理所需的财会信息。一方面，要求核算工作中体现现行会计制度及其他财经法规的要求；另一方面，要求核算软件能够提供准确可靠的会计信息，满足管理的要求。对会计信息化软件的合法性来说，主要应满足财政部颁布的《会计核算软件管理的几项规定（试行）》中对会计软件的十条基本要求。即：

- 软件提供的数据输入项目满足财政部或财政部审核批准的现行会计制度的规定。
- 软件提供用户的会计科目编码方案符合财政部或财政部审核批准的会计制度中有关会计科目编码方案的规定。
- 软件具有必要的防范会计数据输入差错的功能。
- 软件的计算和结账功能符合财政部或财政部审核批准的现行会计核算制度的规定。
- 经计算机登账处理的系统内会计凭证及据以登记的相应账簿，软件只能提供留有痕迹的更正功能。
- 软件具有按规定打印输出各种账本以及必要的查询功能，打印输出的账页连续编号。
- 对计算机根据已输入的会计凭证和据以登记的相应账本生成的各种报表数据，软件无修改功能。
- 软件具有防止非指定人员擅自使用和对指定操作人员实现使用权限控制的功能。
- 对存储在磁性介质或在其他介质上的程序文件和相应的数据文件，软件有必要的保护措施。
- 软件具有在计算机发生故障或由于其他原因引起内外存会计数据破坏的情况下，使用原有数据恢复到最近状态的功能。

2）安全可靠性：指软件防止会计信息被泄露和破坏的能力。可靠性是指商品化软件防错、查错、纠错的能力，防止产生不正确的会计信息的能力。评价商品化会计软件的安全可靠性，主要是考察把软件提供的各种可靠性保证措施结合起来，是否能有效地防止差错的发生，在发生时能否及时查出并能进行修改；安全性保证措施是否能有效地防止会计信息的泄露和破坏。

为了达到安全可靠性指标，系统本身都设有多种控制措施，如权限设置、复核功能设置、各种校验功能设置、处理顺序控制、采用信息加密技术和存取控制技术、设立备份和恢复功能等，可以有效地保证软件的安全可靠性，但由于购买软件时，不可能得到详细的源程序代码等技术文档，对安全可靠性审查主要通过测试软件来进行。

3）易使用性：主要指软件系统易学易用易懂的性能。可以考察如下3个方面：

①界面的友好性。包括：会计软件的界面是否简洁明了；提示是否清楚丰富；所用语言是否符合财会人员的习惯；输入输出的格式是否规范；这些构成了界面友好性的主要内容。

②厂家提供资料的质量如何，特别是培训资料。考察其内容是否完整；内容是否易学易懂；各种叙述是否清楚明了；手册中的范例是否恰当实用。

③软件是否便于操作。包括：操作是否简单；各种自定义功能及控制措施的使用是否简洁实用；自动化程度是否很高；辅助功能及服务功能是否丰富实用等。

4）易适应性：指软件能很好地适应企业财务处理的具体情况，并在企业财务工作内容发生变化时，软件也能方便地适应这些变化的程度。比如，科目的变化、报表格式及内容的变化、各种比率的变化，以及核算内容的变化等，软件能否方便地适应这些变化。

（2）软件的功能。

1）主处理功能：主处理功能要完成会计业务的一般工作，如填制会计凭证、登记会计账本、输出财会信息等。一般会计信息化软件，主处理功能都比较齐全，不管是账务子系统还是其他子系统，都不可缺少地拥有输入功能、处理功能和输出功能，但格式和处理方法各有不同。

2）辅助功能：这是为主处理功能服务的，提供各种功能，以方便主处理功能的圆满完成。没有这些功能，主处理功能也照样能完成，但有了这些辅助功能，系统使用起来会更加方便。辅助功能包括提示功能、帮助功能、引导操作功能、全屏编辑功能、辅助计算器等一切有利于用户使用软件系统的所有功能。

3）控制功能：它完成内部控制在会计信息系统中的任务，制约会计信息系统按规范的、正确的会计工作流程进行处理，并防止非法和错误的输入、输出以及操作处理。包括：输入数据的正确性控制（包括性质、长度、范围等），输出内容使用的控制，正确处理顺序和方式的控制，使用权限的控制等系统控制功能。虽然控制功能不像其他功能可以直接从界面上看出，但它们确实存在于整个系统中，而且是必不可少的。控制功能越丰富，系统安全性越高，系统正常运行就越有保证。

（3）厂家售后服务。

购买商品化会计软件，售后服务至关重要。一般厂家都为用户提供售后服务，然而各厂家所提供售后服务的方式和内容都不尽相同，因此在考察厂家售后服务时，应注意以下4个方面：

1）售后服务的内容：一般应包括用户培训、日常维护、系统初始化、二次开发、版本升级等。

2）厂家维护能力：厂家维护能力取决于维护人员的数量和质量，以及软件厂家商品化软件的销售量。

3）维护费用：维护费用的交纳方式及数量，也是重点需要考虑的内容之一。

4）维护方式：即售后服务的具体办法。包括：是否终身维护、是否上门维护、是由总公司维护还是由本地维护点维护、维护是否及时等。

（4）本单位财会业务的特点。

1）行业特点。每个行业的会计工作都有其特殊性，财政部在制定会计制度时，也是分行业分别制定的，从而决定了各单位购买财会软件时，必须考虑各行业的特点。比如工业企业与商品流通企业的会计工作，在具体核算上，其内容和标准也不尽相同，其他各行业也是如此。

2）本单位会计核算的特点。企业规模的大小，会计业务需要处理的数据量的多少，会计核算精确度的高低，以及是否是分级核算，这都将决定购买软件的性质和功能。

（5）费用。

一般地，商品化会计软件的购置费用包括如下 5 个方面：

1）软件费用；

2）培训费用；

3）安装费用；

4）售后服务费用；

5）其他配套费用，如专为会计信息化软件配置的系统软件，及防病毒软件的购置费用等。

考虑费用问题时，不能仅以总费用高低来进行选择，应与软件的质量和满足需要的程度综合考虑，以求选择既能满足会计处理的要求，又是性能价格比最优的软件。

任务实施

（1）明确自身需求，确定本公司需要的会计信息化软件的类型。

张磊认为山东金泰制衣有限公司仅仅是小型制造企业，简单的财务业务一体化软件最适合本公司。经过对软件功能、性能、售后服务、本单位财会业务特点、费用等方面的反复比较，公司最终确定用友软件公司的用友 T3 为中标软件。

（2）与潜在供应商接触，编制招标文件，发布招标公告。

（3）资格预审，确定合格的投标申请人。

（4）开标。

（5）评标、定标。

（6）公布中标单位，双方签订软件购买合同。

子项目二　安装用友 T3

金泰制衣最终购买了用友 T3 的总账、财务报表、工资、固定资产、购销存、核算共 6 个子系统。张磊代表本单位与用友软件代理商进行洽谈，双方商定在 2013 年 12 月 10 日进行软件安装（注意：企业在实际工作中应该安装用友 T3 标准版，但学校教学中采用的都是"用友畅捷通 T3－企业管理信息化软件教育专版"，本书讲的是"用友 T3－教育专版"）。

任务　安装软件

安装"用友 T3－教育专版"。

 **任务分析**

1. 检查用友 T3 所要求的硬、软件环境是否满足

用友 T3 是应用软件，因此，需要首先配置好硬件环境和系统软件环境。

（1）硬件环境。

1）单机版主机最低配置要求：CPU 为 P4/1GHZ 或以上，内存 512MB 或以上，硬盘 10GB 或以上，至少应有 1 个 DVD-ROM。

2）网络版最低配置要求：网络服务器的 CPU 为 P4/1GHZ 或以上，内存 1GB 或以上，硬盘 20GB 或以上，至少应有 1 个 DVD-ROM。

3）客户端：同单机版主机配置要求。

（2）系统软件。

系统软件包括操作系统和数据库管理系统。

1）操作系统：表 1-1 列出了系统支持的常见操作系统，并指明每个操作系统需要安装的补丁程序，如 SP2、SP4 等。

表 1-1　用友畅捷通 T3 支持的常见操作系统

操作系统（简体中文）	服务器	客户端	单机模式
Windows 2000 Server+SP4	支持	支持	支持
Windows 2000 AD Server+SP4	支持	支持	支持
Windows 2003 Server	支持	支持	支持
Windows XP+SP1 或者 SP2		支持	支持
Windows 2000 Professional+SP4		支持	支持
Windows 98		支持	支持

2）数据库管理系统：会计软件采集、加工的原始数据、中间结果、最终结果等需要存储在数据库管理系统中。用友通选择了 SQL Server 2000 作为其数据库。

提示：如果没有 SQL Server 2000 安装程序，用友畅捷通 T3 安装盘上提供了 MSDE 2000 安装程序供用户使用。MSDE 2000 是 SQL Server 数据库的数据引擎，只提供了最基本的 SQL 数据库功能，缺乏对 SQL 数据库进行管理的许多工具，但足以支持用友畅捷通 T3 的运行。安装 MSDE 2000 与安装 SQL 数据库后使用产品的方法完全相同。

2. 安装数据库 SQL 2000 或 MSDE 2000

必须先进行 SQL Server 2000 的安装或 MSDE 2000 的安装，然后才能安装用友 T3 软件。若电脑中已经安装过 SQL Server 2000 或 MSDE 2000，则可略过此步骤。

安装 MSDE 2000 的步骤如下：

（1）打开"T3 光盘"下"MSDE2000RelA"文件夹。

（2）双击文件夹里"Setup.exe"。

3. 检查计算机名称

计算机名称不能用数字开头，不能有"-"（横杠），不能有汉字，也不能有"%、￥、#、@……"特殊符号，一般是英文和数字的组合或纯英文。

修改计算机名称的步骤如下：

（1）右击"我的电脑→属性"，打开"系统属性"窗口。

（2）打开"计算机名"选项卡，单击"更改"，更改计算机名称。

（3）更改完毕，单击"确定"，重新启动计算机。

4．关闭防火墙和杀毒软件

安装用友 T3 前必须关闭杀毒软件和防火墙。

关闭防火墙和杀毒软件的步骤：

（1）在任务栏右下角可以检查是否有杀毒软件。如:瑞星杀毒、瑞星防火墙、金山毒霸、360 杀毒等，都是在右下角。

（2）选中杀毒软件右击，选择"退出"。

5．环境检测

用友 T3 含有环境检测功能，可以通过此功能由计算机自动判断运行环境是否符合其安装条件。

进行环境检测的步骤如下：

（1）打开"T3 光盘"下"环境检测"文件夹。

（2）双击文件夹里"环境检测.exe"。

6．安装用友 T3

安装用友 T3 的步骤如下：

（1）打开"T3 光盘"下"畅捷通 T3-企业管理信息化软件教育专版"文件夹。

（2）双击文件夹里"Setup.exe"。

（3）修改安装路径，D:\\UFSMART，不建议安装在系统盘。

（4）服务器选择"全部安装"，客户端选择"客户端安装"。

（5）安装好后重新启动计算机。

（1）检查用友 T3 所要求的硬、软件环境是否满足。

（2）安装数据库 SQL 2000 或 MSDE 2000。

（3）检查计算机名称。

（4）关闭防火墙和杀毒软件。

（5）环境检测。

（6）安装用友 T3。

 小贴士

用友畅捷通 T3 软件不能和用友其他版本的软件安装在同一个操作系统中。

子项目三　培训用友 T3

用友 T3 安装成功后，用友软件公司的技术人员于 2013 年 12 月 20 日对金泰制衣会计信息化实施小组进行了软件培训。

任务 培训软件

用友软件公司向小组成员培训"用友T3—教育专版"。

任务分析

1. 了解用友T3总体构成

用友T3是从客户实际需求出发，开发设计面向成长型企业，提高企业管理水平，优化企业运营，实现精细化财务管理与业务控制管理的一体化，帮助企业快速、准确应对市场变化，支持长期可持续性发展的稳定、安全、成熟管理软件系统。

用友T3—教育专版主要包括总账（往来管理、现金银行、出纳）、财务报表、工资、固定资产、财务分析、存货核算、购销存管理模块，具体内容见图1-1。

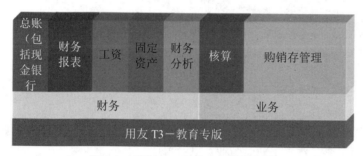

图1-1 用友T3—教育专版组成部分

用友T3是以财务核算为主轴，业务管理为导向，提供财务业务一体化解决方案的信息系统，详细情况见图1-2。

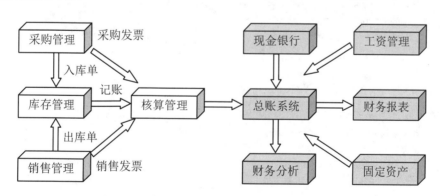

图1-2 用友T3—教育专版财务业务一体化流程

2. 了解各子系统的功能－总账管理系统

总账是用友T3财务系统的核心，业务数据在生成凭证以后，全部归集到总账系统进行处理，总账系统也可以进行日常的收款、付款、报销等业务的凭证制单工作。从建账、日常业务、账簿查询到月末结账等全部的财务处理工作均在总账系统实现。总账管理系统主界面见图1-3。

3. 了解各子系统的功能－财务报表系统

财务报表系统与总账管理系统之间有完善的接口，在财经领域发挥着巨大的作用。总账管理系统为企业财务核算提供了详尽、丰富的凭证和账表信息，财务报表则是对这些分散信息进行归类、汇总，形成系统、概括性的报表信息。

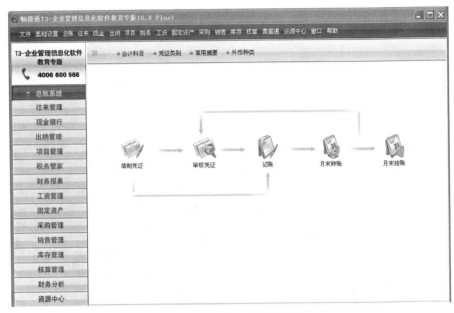

图 1-3　总账管理系统主界面

用友 T3 不仅提供了丰富的函数、公式，保证实时、快速、准确地生成企业管理所需要的各种会计报表，而且还预置了工业、商业、事业单位、小企业等多行业的常用财务报表，大大减轻了财务部门的工作量，提高了工作效率。财务报表系统主界面见图 1-4。

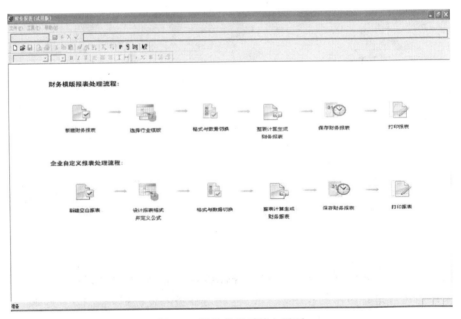

图 1-4　财务报表系统主界面

4. 了解各子系统的功能－工资管理系统

工资核算是企业会计核算中基本的业务之一，工资费用是成本管理的重要组成部分。

工资管理包括工资录入、工资计算、所得税计提、银行代发、工资分摊等处理,由系统自动完成相关繁多的核算工作,为各种基金的提取和上缴管理提供依据。工资管理系统主界面见图1-5。

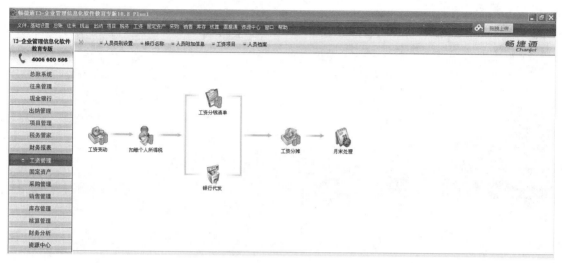

图1-5 工资管理系统主界面

5. 了解各子系统的功能-固定资产管理系统

固定资产管理系统提供固定资产卡片管理、资产增减变动、转移、折旧计提、折旧分配等一系列管理办法,以保证资产的完整和正常使用,提高资产利用率。固定资产管理系统主界面见图1-6。

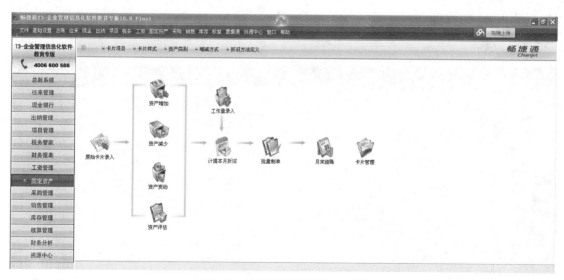

图1-6 固定资产管理系统主界面

6. 了解各子系统的功能-采购管理系统

采购管理系统模块关注供应商、信用、合理采购价格、合理采购量、库存量等关键业务点的管理与控制。

整个采购业务处理包括订单、到货、入库、收到发票、采购结算、采购付款等业务过程。

包含了供货商转移实物、票据的交换、款项的划拨，保证多个岗位和人员业务信息传递及时性和准确性，提供业务、款项执行情况监控、多角度的货、票、款统计分析。采购管理系统主界面见图1-7。

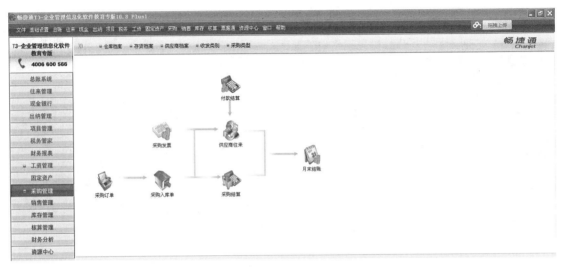

图1-7   采购管理系统主界面

7. 了解各子系统的功能－销售管理系统

销售管理系统关注客户资料、价格政策、渠道/客户信用、应收款的及时和有效的促销等关键业务点的管理与控制。

整个销售业务处理，包括销售价格的制定、订单、发票、收款。包含：向客户的实物转移、票据的交换、款项的收取；保证多个岗位和人员业务信息传递及时性和准确性；提供业务、款项执行情况监控；多角度的货、票、款统计分析。销售管理系统主界面见图1-8。

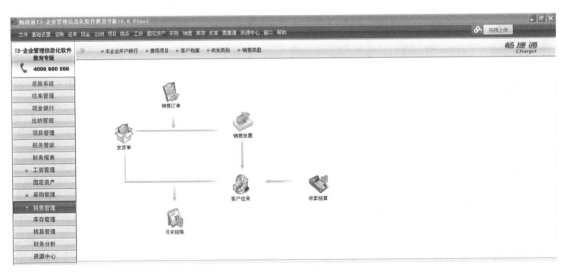

图1-8   销售管理系统主界面

8. 了解各子系统的功能－库存管理系统

库存管理系统在库存业务、库存状态控制、库存分析方面具有强大的功能，能够有效地跟踪库存的出入库情况，分析库存的异常状态，反应库存的价值分布，就库存的短缺、超储、安全提供了预警机制动态信息，灵活多样的账簿和统计报表。主要的报表包括：库存台账、批次台账、收发存汇总表、存货分布表等，为企业各个部门提供价值决策奠定基础。

整个库存业务处理，包括调拨、盘点、货位、批次、保质期、入库、出库管理等。库存管理系统主界面见图1-9。

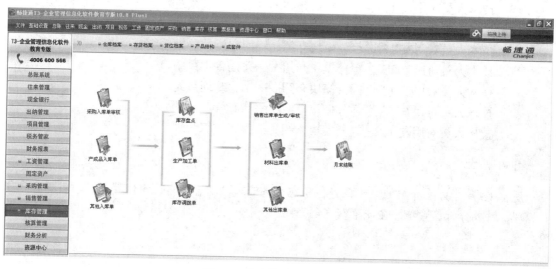

图1-9　库存管理系统主界面

9. 了解各子系统的功能－存货核算管理系统

存货的核算是企业会计核算的一项重要内容。进行存货核算，应正确计算存货购入成本，促使企业努力降低存货成本；反映和监督存货的收发、领退和保管情况；反映和监督存货资金的占用情况，促进企业提高金额的使用效果。

核算管理系统的主要功能是进行存货的出、入库成本的核算，以及将购销存业务产生的各种单据生成凭证，传入总账系统。存货管理系统主界面见图1-10。

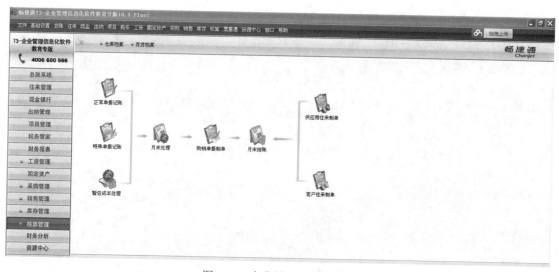

图1-10　存货管理系统主界面

（1）技术人员对用友 T3 进行总体介绍。

（2）技术人员对用友 T3 进行分模块介绍——总账管理系统。

（3）技术人员对用友 T3 进行分模块介绍——财务报表系统。

（4）技术人员对用友 T3 进行分模块介绍——工资管理系统。

（5）技术人员对用友 T3 进行分模块介绍——固定资产管理系统。

（6）技术人员对用友 T3 进行分模块介绍——采购管理系统。

（7）技术人员对用友 T3 进行分模块介绍——销售管理系统。

（8）技术人员对用友 T3 进行分模块介绍——库存管理系统。

（9）技术人员对用友 T3 进行分模块介绍——存货核算管理系统。

 小贴士

用友 T3 除了以上介绍的系统以外，还有往来管理、现金银行、出纳管理、项目管理、税务管理、财务分析等系统，在此不做详细介绍。

项目二　系统建设

①了解系统管理的作用和功能。
②掌握建立、修改、备份、恢复账套的方法。
③掌握添加操作员、设置操作员权限的方法。
④掌握启用系统的方法。

①能登录系统管理。
②能建立、修改、备份、恢复企业账套。
③能增加操作员、设置操作员权限。
④能启用系统。

①通过操作员权限的设置，使学生初步意识到会计信息化工作的安全性和保密性。
②通过账套的备份与恢复，使学生养成备份和上课携带 U 盘的习惯。

金泰制衣购买了 T3 作为会计信息化应用平台以后，系统管理员首先需要登录系统管理进行系统建设。系统建设的内容包括添加操作员并进行操作员权限的设置，在系统管理中为企业建立账套（也就是设置企业最基本的信息）以及对账套的修改、删除、备份、恢复等。在这些任务中，建立企业账套是核心，企业只有在系统中建立账套了，才能在账套中进行公共档案的录入、各子系统的初始化，才能进行企业日常业务处理、月末处理和编制财务报表。因此，在本项目中金泰制衣主要围绕着建账来进行。

子项目一　完成建账前的准备工作

金泰制衣在建立账套之前需要做两件事情：一是登录系统管理；二是添加操作员。

任务 1.1　登录系统管理

以系统管理员（admin）的身份登录系统管理。

任务分析

（一）了解系统管理

用友 T3 由多个子系统组成，各个子系统是为同一个企业的不同方面服务的，子系统之间相互联系，数据共享，完整实现财务、业务一体化的管理。这就要求 T3 必须具备以下 4 个要求：

（1）具备公用的基础信息；

（2）拥有相同的账套和年度账；

（3）操作员和操作权限集中管理；

（4）业务数据共用一个数据库。

要想满足上述要求，就必须设立一个独立的模块，也就是系统管理模块，来对所属的各个子系统进行统一的操作管理和数据维护。

具体说来，系统管理模块主要能够实现如下功能：

（1）对账套的统一管理，包括建立、修改、引入和输出；

（2）对账套中年度账的统一管理，包括建立、清空、引入、输出和结转上年数据；

（3）对操作员及其权限的统一管理以及设立统一的安全机制，包括数据库的备份、功能列表和上机日志等。

这样，下属的各个子系统中就不再做这些操作了，它们将主要集中于自身的业务操作。

（二）登录系统管理

由于系统管理在 T3 中具有举足轻重的地位和作用，因此软件对进入系统管理的人员进行了严格限制。

系统只允许以两种身份登录系统管理：一是以系统管理员（admin）的身份，二是以账套主管的身份。

（1）以系统管理员的身份进入系统管理。

系统管理员负责整个应用系统的总体控制和维护工作，可以管理该系统中所有的账套。以系统管理员身份注册进入，可以进行账套的建立、引入和输出，设置操作员和权限，监控系统运行过程，清除异常任务等。

（2）以账套主管的身份进入系统管理。

账套主管负责所选账套的维护工作。主要包括对所管理的账套进行修改；对年度账的管理（包括创建、清空、引入、输出以及各子系统的年末结转）；以及该账套操作员权限的设置。

任务实施

（1）点击桌面上的"系统管理"图标，打开"畅捷通 T3－企业管理信息化软件教育专版【系统管理】"窗口，如图 2-1 所示。

（2）执行"系统→注册"命令，打开"注册【控制台】"对话框。

（3）输入用户名：admin；密码：（空），如图 2-2 所示。

（4）单击"确定"按钮，以系统管理员身份注册进入系统管理，如图 2-3 所示。

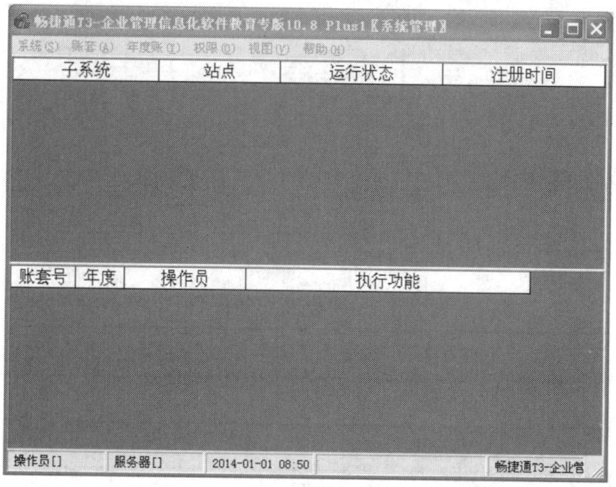

图 2-1　系统管理窗口

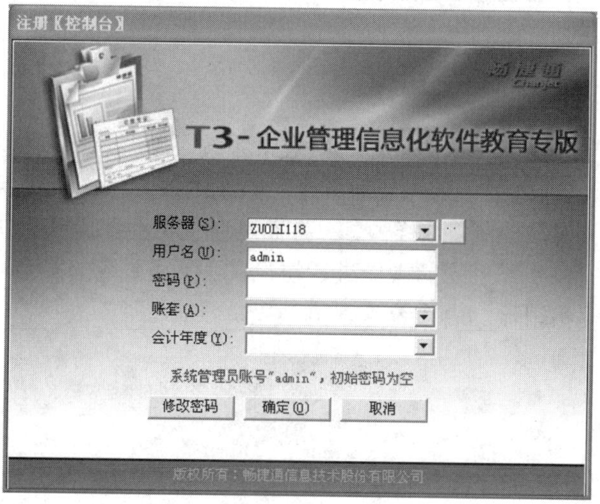

图 2-2　以系统管理员身份登录系统管理

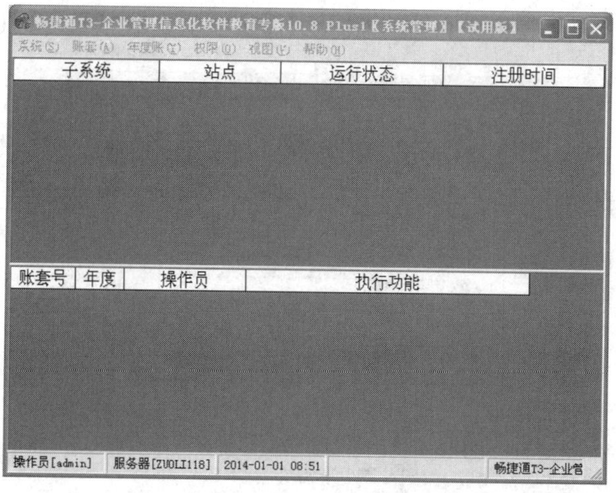

图 2-3　登录系统管理成功后的界面

小贴士

因为是教学使用，一台计算机可供多名学生操作，建议不要设置系统管理员密码。

任务 1.2 添加操作员

系统管理员按表 2-1 所示添加操作员。

表 2-1 需要添加的操作员

姓名	部门	用户名	口令
张磊	财务部	201	01
李艳	财务部	202	02
方芳	财务部	203	03
张丽	财务部	204	04

 任务分析

操作员指有权登录并使用系统的人。每次登录系统，都要进行操作员身份的合法性验证。因此，企业在开始使用 T3 之前，首先要对各个子系统的授权操作员进行设置，以便在计算机系统上进行操作分工及权限控制。这样做，一方面可避免与业务无关人员对系统的操作；另一方面可以对系统所含的各个子系统的操作进行协调，以保证系统的安全与保密。操作员管理包括操作员的增加、修改和删除，由系统管理员全权负责。

 任务实施

（1）以系统管理员的身份登录系统管理，执行"权限→操作员"命令，进入"操作员管理"窗口。窗口中显示系统预设的几位操作员：demo、SYSTEM 和 UFSOFT。

（2）单击工具栏中的"增加"按钮，打开"增加操作员"对话框。

（3）输入数据。编号：201；姓名：张磊；口令：01；确认口令：01。如图 2-4 所示。

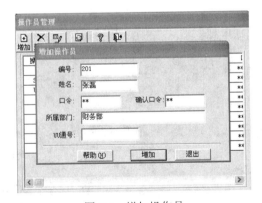

图 2-4 增加操作员

（4）单击"增加"按钮，输入其他操作员资料。最后单击"退出"按钮，如图 2-5 所示。

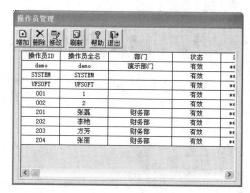

图 2-5 增加操作员成功后的界面

任务 1.3 修改操作员信息

系统管理员将李艳的口令修改为 002。

操作员增加后，若在以后信息发生了更改，可以修改操作员信息（编号除外）。

（1）在"操作员管理"窗口中，选择要修改的操作员李艳。

（2）单击工具栏中的"修改"按钮，打开"修改操作员信息"对话框。

（3）修改操作员口令：将 02 改为 002，如图 2-6 所示。

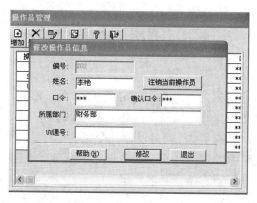

图 2-6 修改操作员口令

（4）单击"修改"按钮，最后单击"退出"按钮。

（1）只有系统管理员才有权限设置操作员。

（2）操作员编号在系统中必须唯一，即使是不同的账套，操作员编号也不能重复。

（3）所设置的操作员用户一旦被引用，便不能被修改和删除。

子项目二　建立企业账套

在添加了操作员以后，金泰制衣就可以在系统中建立企业账套了。

任务　新建账套

系统管理员根据以下信息，新建企业账套。

（1）账套信息。

账套号：101；账套名称：山东金泰制衣有限公司；采用默认路径；启用会计期：2014 年 1 月。

（2）单位信息。

单位名称：山东金泰制衣有限公司；单位简称：金泰制衣；单位地址：山东省济南市历文区工业南路 800 号；法人代表：张瑶；邮政编码：250500；税号：163878926119879；联系电话及传真：0531-85669999；电子邮件：jtxy@yahoo.com.cn；从事女装的生产和销售工作。

（3）核算类型。

该企业的记账本位币为人民币（RMB）；企业类型为工业；行业性质为 2007 年新会计制度；按行业性质预设科目。

（4）基础信息。

该企业有外币核算，进行经济业务处理时，需要对存货、客户进行分类。

（5）分类编码方案。

科目编码级次：4222；客户编码级次：222；存货分类编码级次：223；部门编码级次：122；地区分类编码级次：223；其他选择默认设置。

（6）数据精度。

该企业将所有数据精度小数位定义为 2。

任务分析

账套是一组相互关联的数据，每一个独立核算的企业都有一套相互关联的账簿体系，把这一套完整的账簿体系建立在计算机系统中就称为一个账套。一般一个企业只用一个账套。如果企业有几个下属的独立核算的实体，就可以建几个账套。账套之间是相对独立的，也就是说，建立、删除或修改一个账套中的数据，不会对其他账套有任何影响。

在运行系统之前，首先要新建本企业的账套。

建立企业账套时，需要向系统提供以下表征企业特征的信息，归类如下：

（1）账套基本信息：包括账套号、账套名称、账套启用日期及账套路径。

由于在一个会计信息系统中，可以建立多个企业账套，因此必须设置账套号作为区分不同账套数据的唯一标识。账套启用日期用于规定该企业用计算机进行业务处理的起点，一般要指定年、月。启用日期在第一次初始设置时设定，一旦启用不可更改。

（2）核算单位基本信息：包括企业名称、简称、地址、邮政编码、法人、通讯方式等。

（3）账套核算信息：包括记账本位币、行业性质、企业类型、账套主管、编码规则、数据精度等。

行业性质表明企业所执行的会计制度。行业性质的选择将决定企业用到的一级会计科目。企业从方便使用出发，系统一般内置不同行业的一级科目和部分常用二级科目供用户选择使用，在此基础上，用户可以根据本单位的实际需要增设或修改必要的明细核算科目。

编码方案，又叫编码规则，是对企业关键核算对象进行分类级次及各级编码长度的指定，以便于用户进行分级核算、统计和管理。编码方案设置包括级次和级长的设定。级次是指编码共分几级，级长是指每级编码的位数。

（1）以系统管理员的身份登录系统管理，执行"账套→建立"命令，打开"创建账套"对话框。

（2）输入账套信息，如图2-7所示。

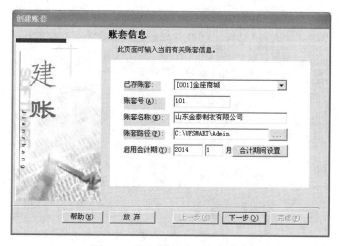

图2-7　建立账套——账套信息

（3）单击"下一步"按钮，输入单位信息，如图2-8所示。

图2-8　建立账套——单位信息

（4）单击"下一步"按钮，输入核算类型，如图2-9所示。

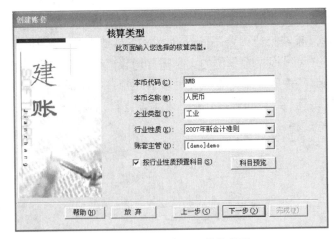

图 2-9　建立账套——核算类型

（5）单击"下一步"按钮，确定基础信息，如图 2-10 所示。

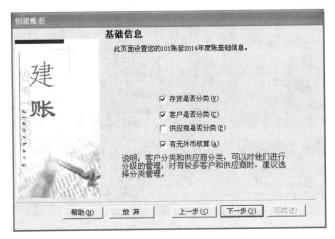

图 2-10　建立账套——基础信息

（6）单击"下一步"按钮，确定业务流程，全部采用默认的标准流程，单击"完成"按钮，弹出系统提示"可以创建账套了么？"，如图 2-11 所示。

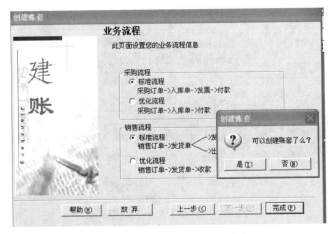

图 2-11　建立账套——业务流程

（7）单击"是"按钮，稍候，确定分类编码方案，如图 2-12 所示。

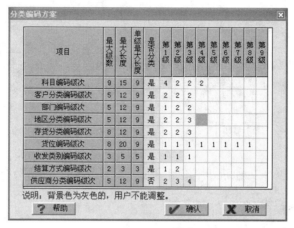

项目	最大级数	最大长度	单级最大长度	是否分类	第1级	第2级	第3级	第4级	第5级	第6级	第7级	第8级	第9级
科目编码级次	9	15	9	是	4	2	2	2					
客户分类编码级次	5	12	9	是	2	2	2						
部门编码级次	5	12	9	是	1	2							
地区分类编码级次	5	12	9	是	2	2	3						
存货分类编码级次	8	12	9	是	2	2	3						
货位编码级次	8	20	9	是	1	1	1	1	1	1	1	1	
收发类别编码级次	3	5	5	是	1	1	1						
结算方式编码级次	2	3	3	是	1	2							
供应商分类编码级次	5	12	9	否	2	3	4						

说明：背景色为灰色的，用户不能调整。

? 帮助　　✓ 确认　　✗ 取消

图 2-12　建立账套——分类编码方案

（8）单击"确认"按钮，定义数据精度，如图 2-13 所示。

图 2-13　建立账套——数据精度定义

（9）单击"确认"按钮，系统弹出"创建账套{山东金泰制衣有限公司：[101]}成功。"信息提示框，单击"确定"按钮，系统提示"是否立即启用账套？"。单击"否"按钮，返回系统管理窗口，企业建账成功，如图 2-14 所示。

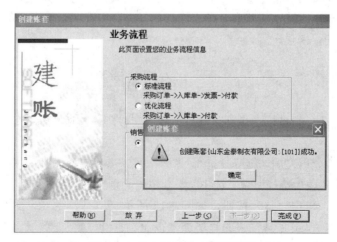

图 2-14　建立账套成功后的界面

小贴士

（1）只有系统管理员才有权创建一个新账套。

（2）如果您选择了存货/客户/供应商要分类，那么在进行基础信息设置时，必须先设置存货/客户/供应商分类，然后才能设置存货/客户/供应商档案；如果您选择存货/客户/供应商不分类，那么在进行基础信息设置时，您可以直接设置存货/客户/供应商档案。

子项目三　设置操作员权限

金泰制衣在添加了操作员和新建了企业账套后，就可以为各个操作员设置权限了。

任务　设置操作员权限

系统管理员根据表 2-2 设置操作员权限。

表 2-2　操作员权限

姓名	角色	权限
张磊	会计主管	全部权限
李艳	出纳	现金管理、总账
方芳	会计	总账、工资、固定资产
张丽	会计	公用目录设置、采购、销售、库存、核算、应收应付

为了保证操作员权责明晰和企业信息的安全保密，系统必须要对操作员进行严格的操作分工和权限控制，即必须要对操作员设置权限。

系统管理员和账套主管，两者都有权设置操作员的权限。所不同的是，系统管理员可以指定或取消某一操作员为一个账套的主管，也可以对系统内所有账套的操作员进行授权；而账套主管的权限局限于他所管辖的账套，在该账套内，账套主管默认拥有全部操作权限，可以针对本账套的操作员进行权限设置。

（1）以系统管理员的身份登录系统管理，执行"权限→权限"命令，进入"操作员权限"对话框。

（2）选择 101 账套；2014 年度。

（3）从操作员列表中选择张磊，选中"账套主管"复选框，系统弹出"设置操作员：[201]账套主管权限吗？"，单击"是"按钮，如图 2-15 所示。

（4）选择李艳，单击工具栏中的"增加"按钮，打开"增加权限"对话框，双击"产品分类选择"列表框中的"现金管理"选项，再双击"产品分类选择"列表框中的"总账"选项，已增加的权限会显示在"明细权限选择"列表框中，单击"确定"按钮，如图 2-16 所示。

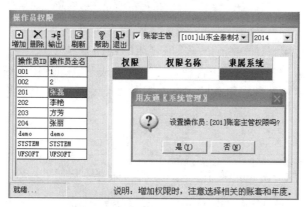

图 2-15 设置操作员权限——张磊

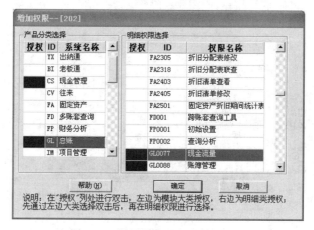

图 2-16 设置操作员权限——李艳

（5）同理，依次设置方芳、张丽的权限，单击"确定"按钮返回。

 小贴士

（1）增加权限时，注意选择相关的账套和年度。

（2）一个账套可以设定多个账套主管。

（3）账套主管自动拥有该账套的所有权限。

（4）设置的操作员权限一旦被引用，便不能被修改或删除。

子项目四　启用系统

金泰制衣购买了用友软件的总账管理、财务报表、工资管理、固定资产管理、购销存管理、核算 6 个子系统，在使用这 6 个子系统之前必须启用各子系统。

任务　启用系统

以账套主管的身份启用系统，启用日期为 2014 年 1 月 1 日。

启用系统就是设置用友 T3 中各个子系统使用的日期。

启用系统有两种方式：一是系统管理员在建账完成时立即启用系统；二是建账完成后以账套主管的身份登录系统管理启用系统。金泰制衣采用的是第二种方式。

（1）以账套主管的身份登录系统管理，执行"账套→启用"命令，打开"系统启用"对话框。

（2）在"固定资产"前的 FA 方框内打勾，系统弹出"日历"对话框，选择"2014 年""一月""1 日"，单击"确定"按钮，如图 2-17 所示。

图 2-17　启用系统——固定资产

（3）系统弹出"提示信息——如果没有购买该模块请不要启用，以避免造成不必要的麻烦……确实要启用当前系统吗？"，点击"是"，即启用了固定资产管理系统。

（4）同理，启用其他 5 个系统，完毕后启用系统成功。

 小贴士

（1）各系统的启用会计期间均必须大于等于账套的启用期间。

（2）如果总账先启，购销存的启用月应大于总账的已结账月。

（3）如果总账先启，工资、固定资产的启用月必须大于等于总账的未结账月。

子项目五 管理账套

金泰制衣在建立完企业账套后，就可以进行账套的管理了，账套管理包括修改账套、备份账套、恢复账套、删除账套等。

任务 5.1 修改账套

账套主管张磊将客户编码级次修改为 223。

企业新建一个账套后，若账套信息在日后发生了改变，账套主管可以修改账套。建账成功后再修改账套，只能由账套主管来修改，而在建账过程中修改账套则可以由系统管理员直接修改。金泰制衣是在建账完成后才发现信息有错，因此只能由账套主管来修改账套。

（1）如果已经以系统管理员的身份登录系统管理，则需要执行"系统→注销"命令注销系统管理员，然后重新执行"系统→注册"命令，打开"注册【控制台】"对话框。

（2）输入用户名 201，密码 01，在"账套"下拉列表中选择"[101]山东金泰制衣有限公司"，如图 2-18 所示。

图 2-18 以账套主管身份登录系统管理

（3）单击"确定"按钮，以账套主管身份登录系统管理。

（4）执行"账套→修改"命令，单击"下一步"按钮，打开"修改账套——基础信息"对话框，系统弹出"确认修改账套了么？"，单击"是"按钮，如图 2-19 所示。

（5）在"分类编码方案"对话框中，将客户编码级次修改为 223，单击"确认"按钮，如图 2-20 所示。

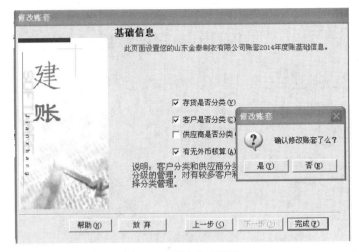

图 2-19 确认修改账套

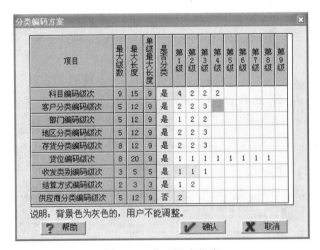

项目	最大级数	最大长度	单级最大长度	是否分类	第1级	第2级	第3级	第4级	第5级	第6级	第7级	第8级	第9级
科目编码级次	9	15	9	是	4	2	2	2					
客户分类编码级次	5	12	9	是	2	2	3						
部门编码级次	5	12	9	是	1	2	2						
地区分类编码级次	5	12	9	是	2	2	3						
存货分类编码级次	8	12	9	是	2	2	2						
货位编码级次	8	20	9	是	1	1	1	1	1	1	1	1	
收发类别编码级次	3	5	5	是	1	1	1						
结算方式编码级次	2	3	3	是	1	2							
供应商分类编码级次	5	12	9	否	2								

说明：背景色为灰色的，用户不能调整。

图 2-20 修改账套信息

（6）再经过几步确认操作，完成账套信息的修改，如图 2-21 所示。

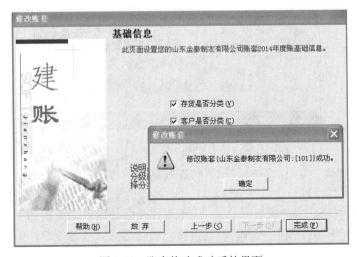

图 2-21 账套修改成功后的界面

任务 5.2　备份账套

系统管理员将 101 账套备份到"E:\金泰制衣\初始账套"中。

任务分析

账套备份的目的是防止由于硬件、软件、操作失误或病毒等原因造成账套损坏不能使用，或数据不正常时以便恢复账套使用。

本书所指备份账套是指将账套备份到外部设备 U 盘、移动硬盘上，防止电脑硬盘错误造成数据丢失。

备份有自动备份和手工备份两种方式，自动备份在"系统管理→系统→设置备份计划"里操作，此处略去。本书指的是手工备份。

任务实施

（1）在 E 盘中建立"金泰制衣\初始账套"文件夹。

（2）以系统管理员的身份登录系统管理，执行"账套→备份"命令，打开"账套输出"对话框。在"账套号"下拉列表中选择"[101]山东金泰制衣有限公司"，单击"确认"按钮，如图 2-22 所示（注意："删除当前输出账套"方格内一定不要打勾）。

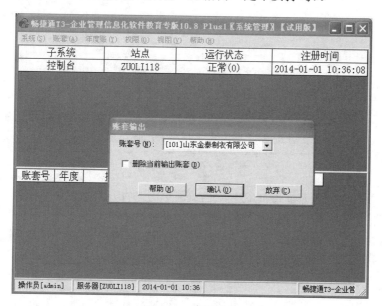

图 2-22　备份账套

（3）系统对所要备份的账套数据进行压缩处理，出现"压缩进程，请等待……"对话框，几秒后，出现"选择备份目标"对话框，选择 E:\金泰制衣\初始账套，单击"确认"按钮，系统弹出提示对话框"硬盘备份完毕！"，单击"确定"按钮返回。

（4）回到目录"系统管理"下面，里面有两个文件：UFDATA.BA 和 UF2KAct.Lst，说明账套备份成功，再将这两个文件拷贝到 U 盘上即可。

任务 5.3 恢复账套

系统管理员将"E:\金泰制衣\初始账套"中的 101 账套数据备份恢复到系统中。

企业在下次启用系统之前首先需要恢复账套，也就是将外部设备 U 盘、移动硬盘上数据拷贝到用友 T3 中。

（1）以系统管理员的身份登录系统管理，执行"账套→恢复"命令，打开"恢复账套数据"对话框，如图 2-23 所示。

图 2-23　恢复账套数据

（2）选择要恢复的账套文件 UF2KAct.Lst，单击"打开"按钮，系统弹出提示"此项操作将覆盖[101]账套当前的所有信息，继续吗？"，单击"是"按钮。

（3）系统对所要恢复的账套数据进行处理，完成后弹出"账套[101]恢复成功！"对话框，单击"确定"按钮，账套恢复成功。

 小贴士

（1）建账完成后再修改账套，只能由账套主管来执行。

（2）只有系统管理员才有权备份和恢复账套。

（3）企业如果想删除账套，也得以系统管理员的身份来删除。系统管理员只要执行"账套→备份"命令，打开"账套输出"对话框，点击"删除当前输出账套"前的方框就可以删除账套了。删除账套的操作一定要小心谨慎。

思考题：系统管理员和账套主管的权限区别是什么？

答案：从前面的介绍中可以看到，在系统管理中有些操作需要系统管理员来登录，而有些操作需要账套主管来登录。现在就把这两个操作员的权限区别列示如表2-3所示。

表2-3 系统管理员和账套主管的操作权限

功能\操作员	建立账套	备份、恢复账套	修改账套	增加操作员	设置账套主管权限	设置一般操作员权限	建账后启用子系统
系统管理员	√	√		√	√	√	
账套主管			√			√	√

项目三　录入基础档案

知识目标

①知道基础档案包含的内容。

②理解会计科目相关概念。

③知道收款凭证、付款凭证、转账凭证的含义。

④掌握项目目录录入的基本步骤。

能力目标

①能分类整理基础档案。

②能录入部门、职员、地区分类、客户分类、客商档案、外币、项目目录、结算方式、付款条件、开户银行等信息。

③能增加、修改、指定会计科目。

④能设置凭证类别。

素质目标

通过整理纷繁复杂的基础档案，使学生养成耐心、细致、认真的工作作风。

工作背景

金泰制衣在用友 T3 中建立账套以后，只相当于在系统中形成了一个空的数据库，库中是没有任务数据的，而企业处理日常业务需要用到大量基础数据，如部门信息、职员信息、供应商信息、客户信息等。这些基础数据是各子系统运行所必须的、共享的，将之称为基础档案。

金泰制衣建账完成后要做的第一件事情就是在用友 T3 中录入本单位的基础档案，为各子系统提供共享信息。基础档案的录入在本小组中由会计主管张磊来操作。

子项目一　整理基础档案

金泰制衣在录入基础档案之前，首先要整理基础档案。

任务　整理基础档案

项目实施小组整理金泰制衣的基础档案并绘制表格。

 **任务分析**

基础档案包括机构设置、往来单位、存货、财务、收付结算、购销存、科目设置等。

 **任务实施**

（1）确定哪些档案是基础档案。

（2）进行基础档案的分类整理，如表 3-1 所示。

表 3-1　基础档案的分类整理

基础档案分类	基础档案目录	档案用途	前提条件
机构设置	部门档案	按部门进行数据汇总和分析	先设置部门编码方案
	人员档案	设置企业职工信息	先设置部门档案
往来单位	客户分类	便于进行业务数据的统计、分析	先确定是否对客户分类，然后确定编码方案
	客户档案	便于进行客户管理和业务数据的输入、统计、分析	先建立客户分类档案
	供应商分类	便于进行业务数据的统计、分析	先确定是否对供应商分类，然后确定编码方案
	供应商档案	便于进行供应商管理和业务数据的输入、统计、分析	先建立供应商分类档案
	地区分类	针对客户/供应商所属地区进行分类，便于进行业务数据的统计、分析	
存货	存货分类	便于进行业务数据的统计、分析	先确定是否对存货分类，然后确定编码方案
	存货档案	便于进行存货管理和业务数据的输入、统计、分析	先建立存货分类档案
财务	会计科目	设置企业核算的科目目录	先设置科目编码方案
	凭证类别	设置企业核算的凭证类型	
	外币种类	设置企业用到的外币种类和汇率	先确定是否有外币核算
	项目目录	设置企业需要对其进行管理的项目	
收付结算	结算方式	设置资金收付业务中用到的结算方式	
	付款条件	设置企业与往来单位约定的优惠折扣	
	开户银行	设置企业在收付结算中对应的开户银行信息	
购销存	仓库档案	设置企业存放存货的仓库信息	
	收发类别	设置企业的入库、出库类型	
	采购类型	设置企业在采购货物时的各项业务类型	先设置好收发类别为收
	销售类型	设置企业在销售货物时的各项业务类型	先设置好收发类别为发

续表

基础档案 分类	基础档案目录	档案用途	前提条件
核算—科目 设置	存货科目	设置生成凭证所需要的存货科目	先设置仓库档案或存货 类别
	存货对方科目	设置生成凭证所需要的存货对方科目	先设置收发类别
	客户往来科目	设置生成凭证所需要的应收款管理相关科目	
	供应商往来科 目	设置生成凭证所需要的应付款管理相关科目	

子项目二 录入基础档案

基础档案整理完毕以后，需要录入基础档案。基础档案的录入要按照类别有序进行。

任务 2.1 登录 T3

以账套主管的身份登录用友 T3 主界面。

录入基础档案之前，首先要登录用友 T3 主界面。基础档案的录入既可以是账套主管，也可以是一般操作员，但不可能是系统管理员。

（1）双击桌面上的"T3－企业管理信息化软件教育专版"，打开"注册【控制台】"对话框。

（2）用户名输入：201，密码输入：01，账套选择"[101]山东金泰制衣有限公司"，会计年度 2014，操作日期改为 2014-01-01，如图 3-1 所示。

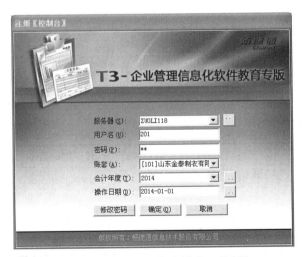

图 3-1 T3"注册【控制台】"对话框

（3）单击"确定"按钮进入企业门户。

任务 2.2 录入部门档案

根据表 3-2 的信息输入金泰制衣的部门档案。

表 3-2 部门档案

部门编码	部门名称
1	办公室
2	财务部
3	采购部
4	生产车间
5	销售部

部门是指与企业财务核算或业务管理相关的职能单位。设置部门档案的目的在于按部门进行数据汇总和分析。部门档案需按照已定义好的部门编码级次原则输入部门相关信息。部门档案包含部门编码、名称、负责人、部门属性等信息。

【各栏目说明】

部门编号：符合编码级次原则。必须录入，必须唯一，不能进行修改。

部门名称：必须录入。

负责人、部门属性、电话、地址、备注：可以为空。

（1）执行"基础设置→机构设置→部门档案"命令，打开"部门档案"窗口。
（2）在"部门档案"窗口中，部门编码输入"1"，部门名称输入"办公室"，如图 3-2 所示。

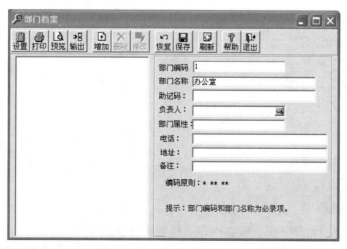

图 3-2 "部门档案"窗口

（3）单击"保存"按钮，输入下一条信息，全部数据输入完毕，单击"保存"按钮，再单击"退出"按钮。

 小贴士

（1）部门编号、部门名称必须输入。

（2）部门编号必须符合部门编码级次原则。

（3）如果输入某几条信息后，不单击"保存"按钮，而直接单击"放弃"或"增加"按钮，即表示放弃此次增加。

（4）基础档案中的任一字段禁用以下英文字符：*　_　%　'　|　?　<　>　&　;　?[　]

任务 2.3　录入职员档案

根据表 3-3 的信息输入金泰制衣的职员档案。

表 3-3　职员档案

编号	姓名	部门	职员属性
101	刘杨	办公室	总经理
201	张磊	财务部	财务主管
202	李艳	财务部	出纳
203	方芳	财务部	会计
204	张丽	财务部	会计
301	樊阳	采购部	采购员
401	王丽	生产车间	车间经理
402	王凡	生产车间	生产工人
501	秦琴	销售部	销售员

 任务分析

职员档案主要用于记录本单位使用系统的职员列表，包括职员编号、名称、所属部门及职员属性等。

【各栏目说明】

编号：必须录入，必须唯一。

名称：必须录入，可以重复。

所属部门：输入该职员所属的部门，只能选定末级部门。

职员属性：填写职员是属于采购员、库房管理人员还是销售人员等人员属性。

 任务实施

（1）执行"基础设置→机构设置→职员档案"命令，打开"职员档案"窗口。

（2）职员名称输入"刘杨"，所属部门点击"办公室"，职员属性输入"总经理"，输完

以后，在空白处单击，然后点击"增加"即出现下一行。

（3）继续输入职员信息，数据输入完毕后界面如图3-3所示。

职员名称	职员助记码	所属部门	职员属性	手
刘杨	LY	办公室	总经理	
张磊	ZL	财务部	财务主管	
李艳	LY	财务部	出纳	
方芳	FF	财务部	会计	
张丽	ZL	财务部	会计	
樊阳	FY	采购部	采购员	
王丽	WL	生产车间	车间经理	
王凡	WF	生产车间	生产工人	
秦琴	QQ	销售部	销售员	

图3-3 职员档案输入完毕后的界面

（4）单击"退出"按钮。

小贴士

（1）职员编号必须唯一。

（2）职员编号和职员名称必须输入。

任务2.4 录入地区分类

根据表3-4的信息输入金泰制衣的地区分类。

表3-4 地区分类

分类编码	分类名称
01	北方地区
02	南方地区

任务分析

使用用友T3的采购管理、销售管理、库存管理和应收应付管理系统，都会用到供应商档案、客户档案。而供应商档案、客户档案表中有所属地区栏目要填写。如果企业需要对供货单位或客户按地区进行统计，那就应该建立地区分类体系。

任务实施

（1）执行"基础设置→往来单位→地区分类"命令，打开"地区分类"窗口。

（2）类别编码输入"01"，类别名称输入"北方地区"，单击"保存"按钮。

（3）继续输入地区分类信息，数据输入完毕后界面如图 3-4 所示。

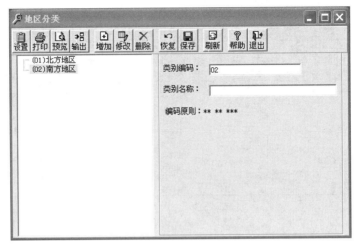

图 3-4　地区分类输入完毕后的界面

（4）单击"退出"按钮。

任务 2.5　录入客户分类

根据表 3-5 的信息对客户进行分类。

表 3-5　客户分类

分类编码	分类名称
01	代理商
02	零散客户

任务分析

如果想对客户进行分类管理，企业可以通过本功能建立客户分类体系。企业可将客户按行业、地区等进行划分。建立客户分类后，企业可以将客户设置在最末级的客户分类之下。

在客户档案设置中所需要设置的客户，应先行在本功能中设定。已被引用的客户分类不能被删除。没有对客户进行分类管理需求的企业可以不使用本功能。

【各栏目说明】

客户分类编码：客户分类编码必须唯一。

客户分类名称：可以是汉字或英文字母，不能为空。

任务实施

（1）执行"基础设置→往来单位→客户分类"命令，打开"客户分类"窗口。

（2）类别编码输入"01"，类别名称输入"代理商"，单击"保存"按钮。

（3）继续输入客户分类信息，数据输入完毕后界面如图 3-5 所示。

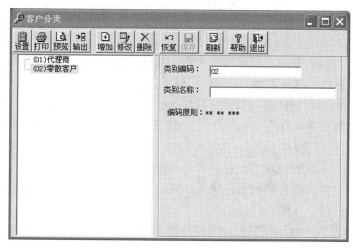

图 3-5 客户分类输入完毕后的界面

（4）单击"退出"按钮。

任务 2.6 录入客户档案

根据表 3-6 的信息输入金泰制衣的客户档案。

表 3-6 客户档案

编号	名称	简称	分类码	地区码	税号	开户银行	银行账号	地址	分管部门	业务员	发展日期
001	北方华润公司	华润	01	01	3638289161	工行	789006747812480	山东省淄博市文慧路90号	销售部	秦琴	2010-01-01
002	四川宏立公司	宏立	02	02	1538281236	建行	600090321547678	四川省成都市工人路230号	销售部	秦琴	2011-01-01

【任务分析】

企业如果需要进行往来管理，就必须建立客户档案。建立客户档案直接关系到企业对客户数据的统计、汇总和查询等分类处理。客户档案中包含了客户的基本信息、联系信息信用信息和其他信息。如果用户设置了客户分类，客户档案必须在末级客户分类中设置，如果未进行客户分类，客户档案则应在客户分类的"无分类"项下设置客户档案。

客户档案信息分为基本、联系、信用、其他 4 个选项卡。

【基本页说明】

客户编号：客户编号必须唯一，可以用数字或字符表示，可以包含*()+-.\></#$，其他特殊符号禁止使用，最多可输入 20 位数字或字符。

客户名称：可以是汉字或英文字母，可以包含*()+-.\></#$，其他特殊符号禁止使用，客户名称最多可写 49 个汉字或 98 个字符。客户名称用于销售发票的打印。

客户简称：可以是汉字或英文字母，可以包含*()+-.\></#$，其他特殊符号禁止使用，客

户名称最多可写 30 个汉字或 60 个字符。客户简称用于业务单据和账表的屏幕显示。

所属分类码：系统根据用户增加客户前所选择的客户分类自动填写，用户可以修改。

所属地区码：可输入客户所属地区的代码，输入系统中已存在代码时，自动转换成地区名称，显示在该栏目的右编辑框内。

客户总公司：客户总公司指当前客户所隶属的最高一级的公司，该公司必须是已经通过"客户档案设置"功能设定的另一个客户。在销售开票结算处理时，具有同一个客户总公司的不同客户的发货业务，可以汇总在一张发票中统一开票结算。

所属行业：输入客户所归属的行业，可输入汉字。

税号：输入客户的工商登记税号，用于销售发票的税号栏内容的屏幕显示和打印输出。

法人：输入客户的企业法人代表的姓名。

开户银行：输入客户的开户银行的名称，如果客户的开户银行有多个，在此处输入该企业同用户之间发生业务往来最常用的开户银行。

银行账号：输入客户在其开户银行中的账号，可输入 50 位数字或字符。

【联系页说明】

发货地址：可用于销售发货单中发货地址栏的缺省取值，它可以与客户地址相同，也可以不同。在很多情况下，发货地址是客户主要仓库的地址。

发运方式：可用于销售发货单中发运方式栏的缺省取值，输入系统中已存在代码时，自动转换成发运方式名称。

发货仓库：可用于销售单据中仓库的缺省取值，输入系统中已存在代码时，自动转换成仓库名称。

【信用页说明】

应收余额：应收余额指客户当前的应收账款的余额。

扣率：输入客户在一般情况下可以享受的购货折扣率，可用于销售单据中折扣的缺省取值。

信用等级：按照企业自行设定的信用等级分级方法，依据客户在应收款项方面的表现，输入客户的信用等级。

账期管理：可作为计算客户超期应收款项的计算依据，其度量单位为"天"。可参照账期管理档案，也可手工录入账期管理编码，取值为账期管理名称，允许修改。

付款条件：可用于销售单据中付款条件的缺省取值。

最后交易日期：由系统自动显示客户的最后一笔业务的交易日期。

最后交易金额：由系统自动显示客户的最后一笔业务的交易金额。

最后收款日期：由系统自动显示客户的最后一笔收款业务的收款日期。

最后收款金额：由系统自动显示客户的最后一笔收款业务的收款金额。

【其他页说明】

分管部门：输入和客户发生业务往来的主要部门。

专营业务员：输入和客户发生业务往来的主要业务员。

发展日期：输入客户被发展为企业的客户的日期。一般情况下，该客户的第一笔业务的业务日期应大于或等于发展日期。

停用日期：输入因信用等原因和企业停止业务往来的客户被停止使用的日期。

使用频度：指客户在业务单据中被使用的次数。

（1）执行"基础设置→往来单位→客户档案"命令，打开"客户档案"窗口。

（2）在"客户档案"窗口中，单击左边树型列表中的"01 代理商"，单击"增加"按钮，打开"客户档案卡片"对话框，输入客户档案信息，如图3-6所示。

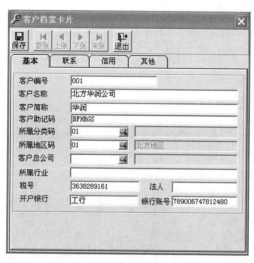

图3-6　客户档案卡片

（3）单击"保存"按钮，再单击"退出"按钮。

（4）在"客户档案"窗口中，单击左边树型列表中的"02 零散客户"，打开"客户档案卡片"对话框，输入客户档案信息。输入完毕，单击"保存"按钮。

（5）单击"退出"按钮。

小贴士

（1）已经使用的客户不能删除。

（2）客户的参照采用分级的方式，左边是分类，右边是档案。

任务2.7　录入供应商档案

根据表3-7的信息输入金泰制衣的供应商档案。

表3-7　供应商档案

编号	名称	简称	地区码	税号	开户银行	银行账号	地址	分管部门	业务员	发展日期
001	辽宁宜兴公司	宜兴	01	3748392020	中行	274781976890737	沈阳市文马路18号	采购部	樊阳	2010-01-01
002	浙江亚辉公司	亚辉	02	3756392071	农行	647382729406762	杭州市和平路266号	采购部	樊阳	2011-01-01

 **任务分析**

企业如果需要进行往来管理，那么必须将企业中供应商的详细信息录入供应商档案中。建立供应商档案直接关系到对供应商数据的统计、汇总和查询等分类处理。如果用户设置了供应商分类，供应商档案必须在末级供应商分类中设置，如果未进行供应商分类，供应商档案则应在供应商分类的"无分类"项下设置供应商档案。

供应商档案信息分为基本、联系、信用、其他 4 个页签。各项内容与客户档案类似，此处不再详述。

 **任务实施**

（1）执行"基础设置→往来单位→供应商档案"命令，打开"供应商档案"窗口。

（2）在"供应商档案"窗口中，单击"增加"按钮，打开"供应商档案卡片"对话框。

（3）输入供应商档案信息，如图 3-7 所示。

图 3-7　供应商档案卡片

（4）单击"保存"按钮，再单击"退出"按钮。

任务 2.8　设置外币

对金泰制衣进行外币设置：采用固定汇率核算外币，外币只有美元一种，美元币符为$，记账汇率：2014 年 1 月初为 8.35。

 **任务分析**

汇率管理是专为外币核算服务的。在此可以对本账套所使用的外币进行定义，在填制凭证中所用的汇率应先在此进行定义，以便制单时调用，减少录入汇率的次数和差错。当汇率变

化时，应预先在此进行定义，否则，制单时不能正确录入汇率。对于使用固定汇率（即使用月初或年初汇率）作为记账汇率的用户，在填制每月的凭证前，应预先在此录入该月的记账汇率，否则在填制该月外币凭证时，将会出现汇率为零的错误。对于使用变动汇率（即使用当日汇率）作为记账汇率的用户，在填制该天的凭证前，应预先在此录入该天的记账汇率。

（1）执行"基础设置→财务→外币种类"命令，打开"外币设置"窗口。

（2）在"外币设置"窗口中，输入数据。币符：$；币名：美元。单击"确认"按钮。

（3）在"2014年1月的记账汇率"栏中输入8.35，按回车键确认，如图3-8所示。

图3-8 "外币设置"窗口

（4）单击"退出"按钮。

 小贴士

如果企业业务结算涉及外币，那么在"填制凭证"中所用的外币及汇率应先在此进行定义，以便制单时调用，减少录入汇率的次数和差错。

任务2.9 增加会计科目

根据表3-8的信息输入金泰制衣需要增加的会计科目。

表3-8 需要增加的会计科目

会计科目编码	会计科目名称	方向	辅助说明	账页格式
100201	工行存款	借	日记账/银行账	金额式
10020101	人民币户	借	日记账/银行账	金额式
10020102	美元户	借	日记账/银行账/美元	外币金额式
140301	坯布	借	数量核算/米	数量金额式
140302	拉链	借	数量核算/条	数量金额式
140501	衬衣	借	数量核算/件	数量金额式

续表

会计科目编码	会计科目名称	方向	辅助说明	账页格式
140502	卫衣	借	数量核算/件	数量金额式
221101	工资	贷		金额式
221102	福利费	贷		金额式
221103	工会经费	贷		金额式
221104	职工教育经费	贷		金额式
221105	社会保险费	贷		金额式
221106	住房公积金	贷		金额式
222101	应交增值税	贷		金额式
22210101	进项税额	贷		金额式
22210102	销项税额	贷		金额式
500101	直接材料	借	项目核算	金额式
500102	直接人工	借	项目核算	金额式
500103	制造费用	借	项目核算	金额式
510101	工资	借		金额式
510102	福利费	借		金额式
510103	折旧费	借		金额式
510104	办公费	借		金额式
510105	其他	借		金额式
660101	工资	借		金额式
660102	福利费	借		金额式
660103	折旧费	借		金额式
660104	办公费	借		金额式
660105	广告费	借		金额式
660106	差旅费	借		金额式
660107	其他	借		金额式
660201	工资	借	部门核算	金额式
660202	福利费	借	部门核算	金额式
660203	折旧费	借	部门核算	金额式
660204	办公费	借	部门核算	金额式
660205	业务招待费	借	部门核算	金额式
660206	其他	借	部门核算	金额式
660301	利息	借		金额式
660302	手续费	借		金额式
660303	现金折扣	借		金额式

 任务分析

　　本功能完成对会计科目的设立和管理，企业可以根据业务的需要方便地增加、插入、修

改、查询、打印会计科目。

【项目说明】

级次：即科目级次，以数字 1、2、3、4、5、6 表示，数字即代表科目级次，如"1"代表一级科目，"2"代表二级科目。级次由系统根据科目编码自动定义。

科目编码：科目编码必须唯一，科目编码必须按其级次的先后次序建立。科目编码只能由数字（0～9）、英文字母（A～Z 或 a～z）、减号（–）及正斜杠（\）表示，其他字符（如 & " '；空格等）禁止使用。

科目名称：分为科目中文名称和科目英文名称，可以是汉字、英文字母或数字，可以是减号（–）、正斜杠（\），但不能输入其他字符。科目中文名称最多可输入 10 个汉字，科目英文名称最多可输入 100 个英文字母。科目中文名称和科目英文名称不能同时为空。

科目类型：行业性质为企业时，科目类型分为：资产、负债、所有者权益、成本、损益，没有成本类的企业可不设成本类。

账页格式：定义该科目在账簿打印时的默认打印格式。系统提供了金额式、外币金额式、数量金额式、外币数量式四种账页格式供选择。一般情况下，有外币核算的科目可设为外币金额式，有数量核算的科目可设为数量金额式，既有外币又有数量核算的科目可设为外币数量式，既无外币又无数量核算的科目可设为金额式。

外币核算：用于设定该科目核算的是否有外币核算，以及核算的外币名称。

数量核算：用于设定该科目是否有数量核算，以及数量计量单位。计量单位可以是任何汉字或字符，如公斤、件、吨等。

汇总打印：在同一张凭证中当某科目或有同一上级科目的末级科目有多笔同方向的分录时，如果您希望将这些笔分录按科目汇总成一笔打印，则需要将该科目设置汇总打印，汇总到的科目设置成该科目的本身或其上级科目。

封存：被封存的科目在制单时不可以使用。此选项只能在科目修改时进行设置。

科目性质（余额方向）：增加登记在借方的科目，科目性质为借方；增加登记在贷方的科目，科目性质为贷方。一般情况下，资产类科目的科目性质为借方，负债类科目的科目性质为贷方。

辅助核算：也叫辅助账类。用于说明本科目是否有其他核算要求，系统除完成一般的总账、明细账核算外，并提供以下几种专项核算功能供用户选用：部门核算、个人往来核算、客户往来核算、供应商往来核算、项目核算。

其他核算：用于说明本科目是否其他要求，如银行账、日记账等。一般情况下，现金科目要设为日记账；银行存款科目要设为银行账和日记账。

任务实施

（1）执行"基础设置→财务→会计科目"命令，打开"会计科目"窗口。

（2）单击"增加"按钮，出现"会计科目_新增"对话框，科目编码输入"100201"，科目中文名称输入"工行存款"，账页格式选择"金额式"，日记账、明细账前的方框内打勾，如图 3-9 所示。

（3）单击"确定"按钮。

（4）同理，输入需要增加的其他会计科目。

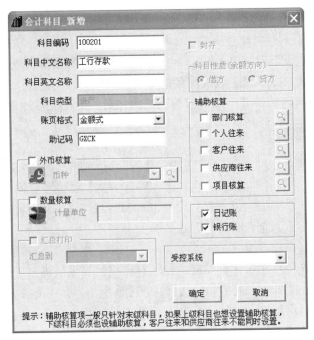

图 3-9　"增加会计科目"对话框

 小贴士

（1）辅助核算。

1）一个科目可同时设置两种专项核算，例如：管理费用既想了解各部门的使用情况，也想了解各项目的使用情况，那么，可以同时设置部门核算和项目核算。

2）个人往来核算不能与其他专项一同设置，客户与供应商核算不能一同设置。

3）辅助账类必须设在末级科目上，但为了查询或出账方便，有些科目也可以在末级和上级设账类。但若只在上级科目设账类，其末级科目没有设该账类，系统将不承认，也就是说当上级科目设有某账类时，其末级科目中必设有该账类，否则只在上级设账类系统将不处理。

4）在设置辅助核算时请尽量慎重，因为如果您的科目已有数据，而您又对科目的辅助核算进行修改，那么很可能会造成总账与辅助账对账不平。

（2）科目性质。

1）只能在一级科目设置科目性质，下级科目的科目性质与其一级科目的相同。

2）已有数据的科目不能再修改科目性质。

（3）汇总打印、封存。

1）只有会计科目修改状态才能设置汇总打印和封存。

2）只有末级科目才能设置汇总打印，且汇总到的科目必须为该科目本身或其上级科目。

3）当您将该科目设成汇总打印时，系统登记明细账仍按明细登记，而不是按汇总数登记，此设置仅供凭证打印输出。

任务 2.10　修改会计科目

根据表 3-9 的信息输入金泰制衣需要修改的会计科目。

表 3-9　需要修改的会计科目

会计科目编码	会计科目名称	方向	辅助说明	账页格式
1001	库存现金	借	日记账	金额式
1002	银行存款	借	日记账/银行账	金额式
1122	应收账款	借	客户往来	金额式
1123	预付账款	借	供应商往来	金额式
1221	其他应收款	借	个人往来	金额式
2202	应付账款	贷	供应商往来	金额式
2203	预收账款	贷	客户往来	金额式
2241	其他应付款	贷	个人往来	金额式
5001	生产成本	借	项目核算	金额式
6001	主营业务收入	贷	部门核算/项目核算	金额式
6401	主营业务成本	借	部门核算/项目核算	金额式
6602	管理费用	借	部门核算	金额式

任务分析

企业在完成对会计科目的添加后，可以根据业务需要修改会计科目，尤其是带辅助核算性质的科目更需修改。

任务实施

（1）执行"基础设置→财务→会计科目"命令，打开"会计科目"窗口。

（2）双击"库存现金"，出现"会计科目_修改"对话框，单击"修改"按钮，勾选"日记账"选项，如图 3-10 所示。

图 3-10　"会计科目_修改"对话框

（3）单击"确定"按钮，再单击"取消"按钮，继续修改其他会计科目。全部输入完毕后的界面如图 3-11 所示。

图 3-11   增加、修改会计科目后的界面

任务 2.11   指定会计科目

指定金泰制衣的库存现金为现金总账科目，银行存款为银行总账科目。

指定会计科目是指定出纳的专管科目，一般指现金科目和银行存款科目。指定科目后，才能执行出纳签字，才能查看现金、银行存款日记账，从而实现现金、银行存款管理的保密性。

（1）执行"基础设置→财务→会计科目→编辑→指定科目"命令，打开"指定科目"对话框，如图 3-12 所示。

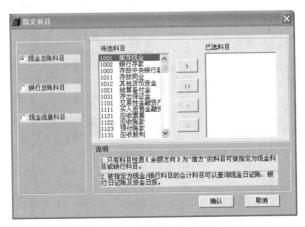

图 3-12   "指定科目"对话框

（2）选定"现金总账科目"，从待选科目列表中选择"1001 库存现金"科目，再单击" > "按钮，将"库存现金"添加到"已选科目"中。

（3）选定"银行总账科目"，从待选科目列表中选择"1002 银行存款"科目，再单击" > "按钮，将"银行存款"添加到"已选科目"中。

（4）单击"确认"按钮。

任务 2.12　录入凭证类别

根据表 3-10 的内容对金泰制衣的凭证进行分类。

表 3-10　凭证类别

凭证类别	限制类型	限制科目
收款凭证	借方必有	1001,1002
付款凭证	贷方必有	1001,1002
转账凭证	凭证必无	1001,1002

任务分析

（一）选择凭证的分类方式

许多单位为了便于管理或登账方便，一般对记账凭证进行分类编制，但各单位的分类方法不尽相同，所以本系统提供了凭证分类功能，企业可以按照本单位的需要对凭证进行分类。

如果是第一次进行凭证类别设置，系统提供了 5 种常用分类方式供用户选择：

（1）记账凭证。

（2）收款、付款、转账凭证。

（3）现金、银行、转账凭证。

（4）现金收款、现金付款、银行收款、银行付款、转账凭证。

（5）自定义凭证类别。

当选择了分类方式后，则进入凭证类别设置，系统将按照所选的分类方式对凭证类别进行预置。

金泰制衣选择的是第 2 种分类方式。下面具体介绍一下。

①收款凭证：凭证中借方或者有现金科目，或者有银行存款科目，而贷方既没有现金科目，也没有银行存款科目的凭证。

②付款凭证：凭证中贷方或者有现金科目，或者有银行存款科目，而借方既没有现金科目，也没有银行存款科目的凭证。

③转账凭证：凭证中借贷双方都既没有现金科目，也没有银行存款科目的凭证。

注意：由于企业内部总是更加强调付款，而不是更加强调收款。因此，如果借贷方都有现金和银行存款科目时，该凭证为付款凭证。

（二）设置凭证的限制类型

某些类别的凭证在制单时对科目有一定限制，这里系统有 5 种限制类型供选择：

（1）借方必有：制单时，此类凭证借方至少有一个限制科目有发生。

（2）贷方必有：制单时，此类凭证贷方至少有一个限制科目有发生。

（3）凭证必有：制单时，此类凭证无论借方还是贷方至少有一个限制科目有发生。

（4）凭证必无：制单时，此类凭证无论借方还是贷方不可有一个限制科目有发生。

（5）无限制：制单时，此类凭证可使用所有合法的科目限制科目由用户输入，可以是任意级次的科目，科目之间用逗号分割，数量不限，也可参照输入，但不能重复录入。

已使用的凭证类别不能删除，也不能修改类别字。

若选有科目限制（即"限制类型"不是"无限制"），则至少要输入一个限制科目。若限制类型选"无限制"，则不能输入限制科目。

若限制科目为非末级科目，则在制单时，其所有下级科目都将受到同样的限制。如：若分类如上所设，且 1001 科目下有 100101、100102 两个下级科目，那么，在填制转账凭证时，将不能使用 1001 及 1001 下的所有科目。

（1）执行"基础设置→财务→凭证类别"命令，打开"凭证类别预置"对话框。

（2）单击"收款凭证、付款凭证、转账凭证"单选按钮。

（3）单击"确定"按钮，进入"凭证类别"窗口，如图 3-13 所示。

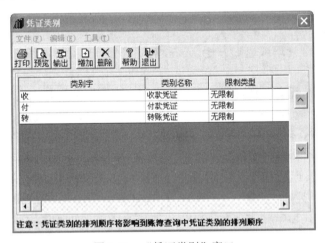

图 3-13　"凭证类别"窗口

（4）单击收款凭证"限制类型"的下三角按钮，选择"借方必有"；在"限制科目"栏输入"1001、1002"。

（5）同理，设置付款凭证的限制类型"贷方必有"、限制科目"1001、1002"；转账凭证的限制类型"凭证必无"、限制科目"1001、1002"。

（6）单击"退出"按钮。

 小贴士

（1）"凭证类别"窗口右侧的上下箭头按钮可以调整凭证类别的前后顺序，它将决定明细账中凭证的排列顺序。例如：凭证类别设置中凭证类别的排列顺序为收、付、转，那么，在查询明细账、日记账时，同一日的凭证，将按照收、付、转的顺序进行排列。

（2）限制科目之间一定为半角符号。

任务 2.13　录入项目目录

根据表 3-11 的信息输入金泰制衣的项目目录。

表 3-11　项目目录

项目大类	衣服
项目分类	1 上衣
项目目录	101 衬衣　102 卫衣
核算科目	直接材料（500101） 直接人工（500102） 制造费用（500103） 主营业务收入（6001） 主营业务成本（6401）

任务分析

在用友 T3 中，项目是比较难理解的一个概念。一个单位项目核算的种类可能多种多样，比如说，在建工程、对外投资、技术改造、融资成本、在产品成本、课题、合同订单……，这些都是项目。总之，我们可以把需要单独计算成本或收入的这样一种对象都视为项目。

由于一个企业可能会有多个种类的项目核算，因此，我们可以将具有相同特性的一类项目定义成一个项目大类。一个项目大类可以核算多个项目，为了便于管理，我们还可以对这些项目进行分类管理。以金泰制衣为例，在用友 T3 中可以按以下步骤定义项目：

（1）设置科目：在"会计科目设置"功能中执行。如直接材料、直接人工、制造费用、主营业务收入、主营业务成本等科目及其下级科目设置项目核算的辅助账类。

（2）定义项目大类：在"项目目录定义"功能中定义。企业通过本功能可设定本单位需进行哪几类项目核算，系统允许同一单位可进行几个大类的项目核算，比如金泰制衣可以将其第一类项目设为衣服，第二类项目设为投资等等，而每一种类项目核算的内容可不同。

（3）指定核算科目：在"项目目录定义"功能中指定。如将直接材料、直接人工、制造费用、主营业务收入、主营业务成本等科目指定为衣服项目大类的科目。

（4）定义项目分类及项目：如在"衣服"的项目大类下又分了"上衣"和"裤子"两个明细项目，在"上衣"明细项目下又分了"衬衣"和"卫衣"两个更细的项目。

（5）录入项目档案：项目大类及分类定义完成后，则可进入"项目目录维护"功能中录入各个项目的名称及定义的其他数据，平时项目目录有变动应及时在本功能中进行调整。在每年年初应将已结算或不用的项目删除。

"项目目录定义"功能用于项目大类的设置及项目目录及分类的维护。企业可以在此增加或修改项目大类、项目核算科目、项目分类、项目栏目结构，以及项目目录。

任务实施

（1）执行"基础设置→财务→项目目录"命令，打开"项目档案"对话框。

（2）单击"增加"按钮，打开"项目大类定义_增加"对话框。

（3）在"新项目大类名称"中输入"衣服"，如图 3-14 所示。

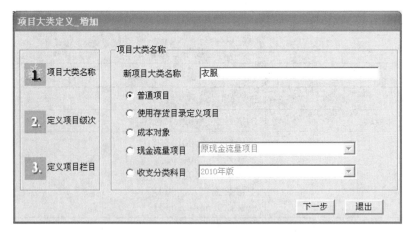

图 3-14 "项目大类定义_增加"对话框

（4）单击"下一步"按钮，定义项目级次，采用系统默认设置。

（5）单击"下一步"按钮，定义项目栏目，采用系统默认设置。

（6）单击"完成"按钮，返回"项目档案"对话框，如图 3-15 所示。

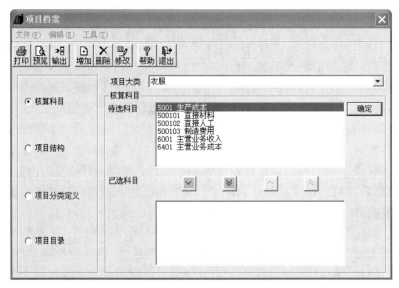

图 3-15 返回"项目档案"对话框

（7）选定"核算科目"，单击 ▼ 按钮将全部待选科目移到已选科目，单击"确定"按钮。

（8）单击"项目分类定义"，在分类编码中输入"1"，在分类名称中输入"上衣"，单击"确定"按钮。

（9）单击"项目目录"，单击"维护"按钮，打开项目目录维护对话框。单击"增加"按钮，在项目编号中输入"101"，项目名称中输入"衬衣"，所属分类码选"1"。同理输入卫衣的信息，输入完毕，单击"退出"按钮，如图 3-16 所示。

（10）单击"退出"按钮。

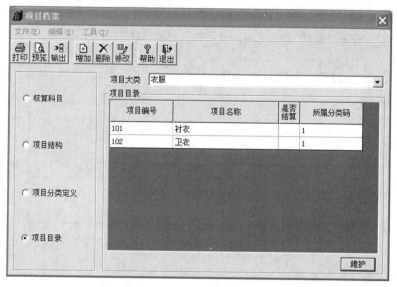

图 3-16 项目目录输入完毕后的界面

任务 2.14 录入结算方式

根据表 3-12 的信息输入金泰制衣结算方式的种类。

表 3-12 结算方式

类别编码	类别名称	票据管理方式
1	现金结算	否
2	支票结算	否
201	现金支票	是
202	转账支票	是
3	其他	否

任务分析

设置结算方式的目的：一是为了提高银行对账的效率；二是根据业务自动生成凭证时可以识别相关的科目。计算机信息系统中需要设置的结算方式与财务结算方式基本一致，如现金结算、支票结算等。结算方式最多可以分为 2 级。结算方式编码级次的设定在建账的编码部分中进行。如果某种结算方式需要进行票据管理，只需选中"是否票据管理"标志即可。

任务实施

（1）执行"基础设置→收付结算→结算方式"命令，打开"结算方式"窗口。

（2）在类别编码中输入"1"，类别名称中输入"现金结算"，单击"保存"按钮。

（3）同理输入其他结算方式的信息。全部信息输入完毕后的界面如图 3-17 所示。

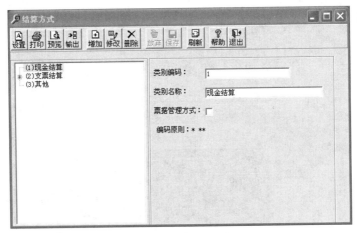

图 3-17 结算方式输入完毕后的界面

任务 2.15 录入付款条件

根据表 3-13 的内容输入付款条件。

表 3-13 付款条件

编码	信用天数	优惠天数 1	优惠率 1	优惠天数 2	优惠率 2	优惠天数 3	优惠率 3
01	30	5	3				
02	60	5	4	15	2	30	1
03	90	5	4	20	2	45	1

任务分析

　　付款条件也叫现金折扣，是指企业为了鼓励客户偿还贷款而允诺在一定期限内给予的规定的折扣优待。这种折扣条件通常可表示为 3/10、1/20、n/30，它的意思是客户在 10 天内偿还贷款，可得到 3% 的折扣，只付原价的 97% 的货款；在 20 天内偿还贷款，可得到 1% 的折扣，只要付原价的 99% 的货款；在 30 天内偿还贷款，则须按照全额支付货款；在 30 天以后偿还贷款，则不仅要按全额支付贷款，还可能要支付延期付款利息或违约金。

　　付款条件将主要在采购订单、销售订单、采购结算、销售结算、客户目录、供应商目录中引用。系统最多同时支持 4 个时间段的折扣。

任务实施

　　（1）执行"基础设置→收付结算→付款条件"命令，打开"付款条件"窗口。

　　（2）在付款条件编码中输入"01"，信用天数中输入"30"，优惠天数 1 中输入"5"，优惠率 1 中输入"3"，输完后鼠标点击任一空白处，单击"增加"按钮，再单击"刷新"按钮，出现下一行。

　　（3）同理输入其他付款条件的信息。全部信息输入完毕后的界面如图 3-18 所示。

　　（4）单击"退出"按钮。

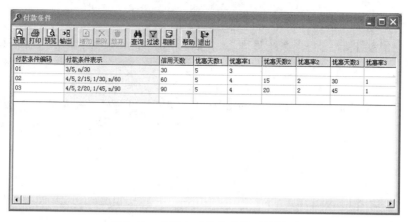

图 3-18 结算方式输入完毕后的界面

任务 2.16 录入开户银行

根据表 3-14 的内容输入开户银行信息。完成此任务后，将 101 账套备份到 "E:\金泰制衣\基础档案" 中。

表 3-14 开户银行

开户银行编码	开户银行	银行账号	暂封标志
001	工行济南分行	220456789572096	否

本系统支持多个开户行及账号的情况。此功能用于维护及查询使用单位的开户银行信息。

（1）执行"基础设置→收付结算→开户银行"命令，打开"开户银行"窗口。

（2）按表 3-14 的要求输入信息，如图 3-19 所示。

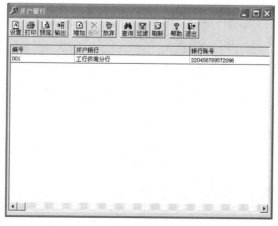

图 3-19 输完开户银行信息后的界面

（3）单击"增加"按钮，再单击"退出"按钮。

（4）退出用友 T3，打开"系统管理"，将账套 101 备份到"E:\金泰制衣\基础档案"中。

 小贴士

结算方式、付款条件、开户银行一旦被引用，便不能进行修改和删除的操作。

项目四　系统初始化

知识目标

①熟悉总账管理系统初始化的基本流程。
②熟悉工资管理系统初始化的基本流程。
③熟悉固定资产管理系统初始化的基本流程。
④熟悉购销存管理系统初始化的基本流程。

能力目标

①能对总账管理系统进行初始化。
②能对工资管理系统进行初始化。
③能对固定资产管理系统进行初始化。
④能对购销存管理系统进行初始化。

素质目标

①通过各子系统操作员角色的转换，使学生具有角色和岗位意识，明确会计岗位责任制。
②通过各子系统繁琐的基础信息设置及期初数据的输入，使学生养成严谨、认真、仔细、踏实的工作作风。

工作背景

金泰制衣在用友 T3 中录入基础档案后，系统中就有了企业各子系统所需的各项公共基础信息。是不是企业马上就可以进行 2014 年 1 月日常业务的处理了呢？不是的，在进行日常业务处理之前，小组还必须要对各子系统进行初始化。对各子系统进行初始化的目的是将用友 T3 从通用会计软件变成更适合本企业的专用会计软件，其基本内容包括各子系统参数设置、基础信息录入、期初余额输入等。

在本项目中，小组需要对总账管理系统、工资管理系统、固定资产管理系统、购销存管理系统进行初始化，其中总账、工资、固定资产这三个子系统的初始化任务由会计方芳完成，购销存子系统的初始化任务由会计张丽完成。

子项目一　对总账管理系统进行初始化

任务 1.1　设置总账参数

以会计方芳的身份进入总账管理系统，根据表 4-1 的内容进行总账参数设置。

表 4-1　总账参数设置

选项卡	参数设置
凭证	制单序时控制 支票控制 资金及往来赤字控制 出纳凭证必须经由出纳签字 允许修改、作废他人填制的凭证 允许查看他人填制的凭证 可以使用其他系统受控科目 打印凭证页脚姓名 其他采用系统默认设置
账簿	采用系统默认设置
会计日历	会计日历为 2014 年 1 月 1 日—12 月 31 日
其他	数量小数位为 2 位 单价小数位为 2 位 部门、个人、项目按编码方式排序 其他采用系统默认设置

任务分析

总账参数设置选项分为凭证、账簿、会计日历、其他 4 个页签。

【凭证页说明】

（1）制单控制：主要设置在填制凭证时，系统应对哪些操作进行控制，共有 3 个选项：

1）制单序时控制：系统规定制单的凭证编号应按时间顺序排列，即制单序时，如有特殊需要可将其改为不按序时制单，若选择了此项，则在制单时凭证号必须按日期顺序排列。

2）支票控制：若选择此项，在制单时录入了未在支票登记簿中登记的支票号，系统将提供登记支票登记簿的功能。

3）资金及往来赤字控制：若选择了此项，则在制单时，当现金、银行科目的最新余额出现负数时，系统将予以提示。

制单控制操作中有以下权限：

1）制单权限控制到科目：若选择此项，在制单时，操作员只能用具有相应制单权限的科目制单。

2）可以使用其他系统受控科目：若某科目为其他系统的受控科目（如：客户往来科目为应收、应付系统的受控科目），一般说来，为了防止重复制单，应只允许其受控系统来使用该科目进行制单，总账系统是不能使用此科目进行制单的，但如果您希望在总账系统中也能使用这些科目填制凭证，则应选择此项。

3）允许修改他人填制的凭证：若选择了此项，在制单时可修改别人填制的凭证，否则不能修改。

4）允许查看他人填制的凭证：默认为勾选状态。不勾选时非账套主管只可以查看到本人填制的凭证。

（2）凭证控制：通过对会计凭证有效控制，使经济业务记录在会计循环的第一环节能真实可靠地反映。由以下 4 项组成：

1）打印凭证页脚姓名：在打印凭证时，是否自动打印制单人、出纳、审核人、记账人的姓名。

2）凭证审核控制到操作员：有些时候，希望对审核权限作进一步细化，如只允许某操作员审核其本部门的操作员填制的凭证，而不能审核其他部门操作员填制的凭证，则应选择此选项。

3）出纳凭证必须经由出纳签字：若选择了此项，则含有现金、银行科目的凭证必须由出纳人员通过"出纳签字"功能对其核对签字后才能记账。

4）未审核的凭证允许记账：若选择了此项，则未经过审核的凭证可以进行记账。

（3）凭证编号方式：系统在"填制凭证"功能中一般按照凭证类别按月自动编制凭证编号，即"系统编号"；但有的企业需要系统允许在制单时手工录入凭证编号，即"手工编号"。

（4）外币核算：如果企业有外币业务，则应选择相应的汇率方式——固定汇率、浮动汇率。"固定汇率"即在制单时，一个月只按一个固定的汇率折算本位币金额。"浮动汇率"即在制单时，按当日汇率折算本位币金额。

【账簿页说明】

（1）打印位数宽度：定义正式账簿打印时各栏目的宽度，包括摘要、金额、外币、数量、汇率、单价。

（2）明细账（日记账、多栏账）打印输出方式：打印正式明细账、日记账或多栏账时，按年排页还是按月排页。

1）按月排页：即打印时从所选月份范围的起始月份开始将明细账顺序排页，再从第一页开始将其打印输出，打印起始页号为"1 页"。这样，若所选月份范围不是第一个月，则打印结果的页号必然从"1 页"开始排。

2）按年排页：即打印时从本会计年度的第一个会计月开始将明细账顺序排页，再将打印月份范围所在的页打印输出，打印起始页号为所打月份在全年总排页中的页号。这样，若所选月份范围不是第一个月，则打印结果的页号有可能不是从"1 页"开始排。

（3）正式账每页打印行数：可对明细账、日记账、多栏账的每页打印行数进行设置。双击表格或按空格对行数直接修改即可。

（4）明细账查询权限控制到科目：有些时候，希望对查询和打印权限作进一步细化，如只允许某操作员查询或打印某科目明细账，而不能查询或打印其他科目的明细。这种情况下，则应选择此选项。

【会计日历页说明】

会计日历：用鼠标单击"会计日历"页签，可查看各会计期间的起始日期与结束日期，以及启用会计年度和启用日期。此处仅能查看会计日历的信息，如需修改请到系统管理中进行。

（1）总账系统的启用日期不能在系统的启用日期之前。

（2）已录入汇率后不能修改总账启用日期。

（3）总账中已录入期初余额（包括辅助期初）则不能修改总账启用日期。

（4）总账中已制单的月份不能修改总账的启用日期，其他系统中已制单的月份不能修改总账的启用日期。

（5）第二年进入系统，不能修改总账的启用日期。

【其他页说明】

略

（1）以会计方芳的身份进入用友 T3 主界面，执行"总账→设置→选项"命令，打开"选项"对话框，如图 4-1 所示。

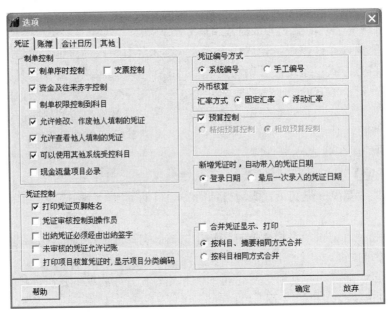

图 4-1　"选项"对话框

（2）打开"凭证"选项卡，按表 4-1 所示进行设置。在勾选"支票控制"时，出现提示信息，如图 4-2 所示。单击"确定"按钮。

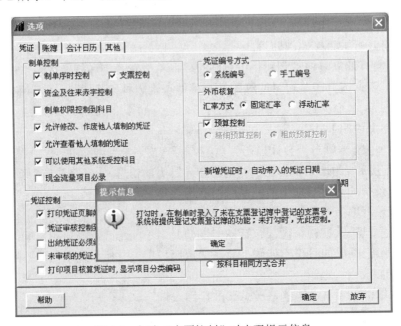

图 4-2　勾选"支票控制"时出现提示信息

（3）依次打开"账簿""会计日历""其他"选项卡进行参数设置。完成后，单击"确定"按钮返回。

任务 1.2 录入总账期初余额－无辅助核算科目

根据表 4-2 的内容输入金泰制衣总账期初余额——无辅助核算会计科目总账期初余额的录入。

表 4-2 总账期初余额——无辅助核算会计科目

科目编码	科目名称	方向	币别/计量	期初余额/元
1001	库存现金	借		18678
1002	银行存款	借		1506900
100201	工行存款	借		1506900
10020101	人民币户	借		1479300
10020101	美元户	借		27600
			美元	4000
1601	固定资产	借		1504350
1602	累计折旧	贷		454519.19
2001	短期借款	贷		550000
2211	应付职工薪酬	贷		545067.19
221101	工资	贷		458369.09
221102	福利费	贷		86698.1
2221	应交税费	贷		202300
222101	应交增值税	贷		202300
22210101	进项税额	贷		-166409
22210102	销项税额	贷		368709
4001	实收资本	贷		1000000
4104	利润分配	贷		622321.62

任务分析

期初数据与基础档案不同。基础档案是将企业的一个外围框架建造起来的素材。期初数据是将企业原来的数据与现在的数据进行对接的一个接口。

所谓期初余额，是使从我们建账那个月开始算的，上个月末的财务会计科目上的余额。这个数据是要求可以通过试算平衡的，这一点非常重要。

如何录入期初余额？如果是第一次使用账务处理系统，必须使用此功能输入科目余额。如果系统中已有上年的数据，在使用"结转上年余额"后，上年各账户余额将自动结转到本年。

新用户（第一次使用用友 T3 的企业）操作方法：如果是年中建账，比如 9 月开始使用账务系统，建账月份为 9 月，则可以录入 9 月初的期初余额以及 1～9 月的借、贷方累计发生额，系统自动计算年初余额；若是年初建账，可以直接录入年初余额。

（1）执行"总账→设置→期初余额"命令，打开"期初余额录入"对话框，如图 4-3 所示。

图 4-3   总账期初余额－普通科目录入

（2）在库存现金期初余额栏中输入"18678"，然后按回车键。在人民币户期初余额栏中输入"1479300"，在美元户期初余额栏中输入"27600"，在美元期初余额栏中输入"4000"，按回车键，银行存款科目自动汇总。

（3）同理，输入其他科目的数据。

任务 1.3   录入总账期初余额－带数量核算的科目

根据表 4-3 的内容输入总账期初余额－带数量核算的会计科目总账期初余额的录入。

表 4-3   总账期初余额－数量核算的会计科目

会计科目：1403 原材料　　　余额：借 240000 元

科目编码及名称	方向	辅助核算	单价（元）	数量	金额（元）
原材料（1403）	借				240000
坯布（140301）	借	数量核算－米	20	11500	230000
拉链（140302）	借	数量核算－条	1	10000	10000

会计科目：1405 库存商品　　　余额：借 247580 元

科目编码及名称	方向	辅助核算	单价（元）	数量	金额（元）
库存商品（1405）	借				247580
衬衣（140501）	借	数量核算－件	155	876	135780
卫衣（140502）	借	数量核算－件	130	860	111800

辅助核算科目必须按辅助项录入期初余额。原材料、库存商品都是带数量核算的辅助科目，因此必须按辅助项录入。由于原材料、库存商品都是非末级科目，因此先要在末级科目中直接输入，然后自动汇总。

（1）在"期初余额录入"窗口中，单击"查找"按钮，找到科目 140301。

（2）在 140301 的期初余额栏中输入金额 230000，按回车键，在数量栏输入 11500，按回车键，同理输入 140302 的期初余额，原材料科目自动汇总。

（3）同理，输入 140501、140502 的期初余额，库存商品科目自动汇总，如图 4-4 所示。

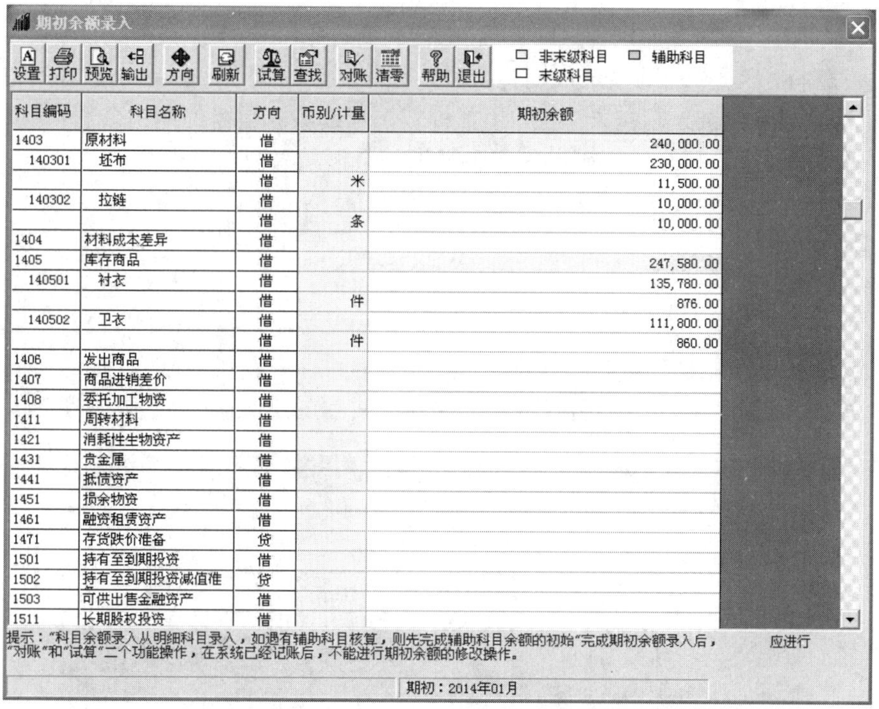

图 4-4　总账期初余额－带数量核算的科目录入

任务 1.4　录入总账期初余额－带其他辅助核算的科目

根据表 4-4 的内容输入总账期初余额－带其他辅助核算的会计科目总账期初余额的录入。

表 4-4　总账期初余额－其他辅助核算的会计科目

会计科目：1122 应收账款　余额：借 104000 元

制单日期	凭证号	客户	摘要	方向	金额	业务员	票号
2013-12-26	转-23	华润	期初数据	借	104000	秦琴	SZ110

会计科目：1221 其他应收款　余额：借 2700 元

制单日期	凭证号	部门	个人	摘要	方向	金额
2013-12-27	付-56	销售部	秦琴	出差借款	借	2700

会计科目：2202 应付账款　余额：贷 248000 元

制单日期	凭证号	供应商	摘要	方向	金额	业务员	票号
2013-12-28	转-60	宜兴	期初数据	贷	240000	樊阳	FZ204
2013-12-31	转-87	亚辉	期初数据	贷	8000	樊阳	FZ218

会计科目：2241 其他应付款　余额：贷 2000 元

日期	凭证号	部门	个人	摘要	方向	金额
2013-12-31	转-53	生产车间	王凡	工资未领取	贷	2000

任务分析

辅助核算科目必须按辅助项录入期初余额，往来科目（即含个人往来、客户往来、供应商往来账类的科目）应录入期初未达项，用鼠标双击辅助核算科目的期初余额（年中启用）或年初余额（年初启用），屏幕显示辅助核算科目期初余额录入窗口。

任务实施

（1）在"期初余额录入"对话框中，单击"查找"按钮，找到科目 1122。
（2）双击"应收账款"的期初余额栏，打开"客户往来期初"窗口。
（3）单击"增加"按钮，将数据输入系统后，按回车键保存，如图 4-5 所示。

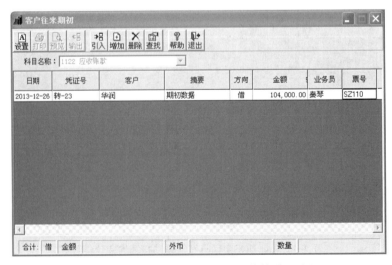

图 4-5　总账期初余额－其他辅助核算科目录入

（4）单击"退出"按钮，辅助账余额将自动带回总账管理系统。
（5）同理，输入表中其他科目的期初数据。

任务 1.5　对总账期初余额进行试算平衡

对金泰制衣的期初余额进行试算平衡，并将账套备份到"E:\金泰制衣\总账初始化"中。

任务分析

总账期初余额输入完毕后，应进行试算平衡。期初余额试算不平衡，将不能记账，但可以填制凭证。

若已经使用本系统记过账，则不能再录入、修改期初余额，也不能执行"结转上年余额"的功能。

任务实施

（1）期初余额输入完毕，单击"试算"按钮，打开"期初试算平衡表"窗口，如图 4-6 所示。

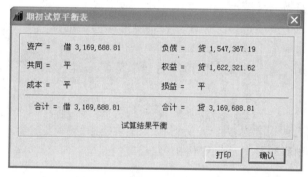

图 4-6　总账期初余额试算平衡

（2）若期初余额不平衡，则修改期初余额；若期初余额试算平衡，则单击"确定"按钮。

（3）期初余额试算平衡后，将账套备份到"E:\金泰制衣\总账初始化"中。

小贴士

（1）只要求录入最末级科目的余额和累计发生数，上级科目的余额和累计发生数由系统自动计算。若年中启用，则只要录入末级科目的期初余额及累借、累贷，年初余额将自动计算出来。

（2）如果某科目为数量、外币核算，可以录入期初数量、外币余额。但必须先录入本币余额，再录入外币余额。

（3）若期初余额有外币、数量余额，则必须有本币余额。

（4）在录入辅助核算期初余额之前，必须先设置各辅助核算目录。

子项目二　对工资管理系统进行初始化

工资管理系统初始化包括建立工资账套和基础信息设置两部分，其中建立工资账套是初

始化的第一步，是整个工资管理系统正确运行的基础。显然，金泰制衣首先要做的就是建立本企业的工资账套。

任务 2.1　建立工资账套

以会计方芳的身份进入用友 T3 建立工资账套，并设置参数。工资类别个数设置为"单个"，核算币种设置为"人民币 RMB"，要求代扣个人所得税，不进行扣零处理，人员编码长度设置为"3 位"，启用日期 2014-01-01，预置工资项目。

系统提供的工资账套建账向导共分为四步：即参数设置、扣税设置、扣零设置、人员编码。

1. 参数设置

参数设置部分主要包括工资类别和币别信息。工资类别即为单个还是多个，如单位按周或一月多次发放工资，或者是单位中有多种不同类别（部门）的人员，工资发放项目不尽相同，计算公式亦不相同，但需进行统一工资核算管理，应选择"多个"。如果单位中所有人员的工资统一管理，而人员的工资项目、工资计算公式全部相同，选择"单个"，可提高系统的运行效率。本书中采用的为单个工资类别。

币别系统默认有两个，一个是人民币，另一个是美元。一般情况下，大陆企业币别一般设为人民币。

2. 扣税设置

我国法律规定个人所得要缴纳个人所得税。在系统中选择代扣个人所得税后，系统将自动生成工资项目"代扣税"并自动进行代扣税金。

3. 扣零设置

扣零处理是指每次发放工资时将零头扣下，积累取整，于下次工资发放时补上，系统在计算工资时将依据扣零类型（扣零至元、扣零至角、扣零至分）进行扣零计算。扣零至元即工资发放时不发 10 元以下的元、角、分，包括 5 元、2 元、1 元。扣零至角即工资发放时不发 1 元以下的角、分，包括 5 角、2 角、1 角。扣零至分即工资发放时不发 1 角以下的零分，包括 5 分、2 分、1 分。

用户一旦选择了"扣零处理"，系统将自动在固定工资项目中增加"本月扣零"和"上月扣零"两个项目。扣零的计算公式由系统自动定义，不需要设置。

4. 人员编码

人员编码长度最长为 10 位，这里的人员编码长度规定了后面基础信息设置人员编号的长度。例如，人员编码长度为 3，则基础信息设置人员编码只有 3 位，大于 3 位或小于 3 位系统都会提示错误。举例说明，这种情况下人员编码 001 是合法的，而 01 或 0001 则都为非法编码。

（1）以会计方芳的身份进入用友 T3 主界面，登录日期为"2014-01-01"。

（2）单击"工资"菜单项，打开"建立工资套"对话框。

（3）在"参数设置"中，选择本账套所需处理的工资类别个数"单个"，默认币别名称为"人民币 RMB"，如图 4-7 所示，单击"下一步"按钮。

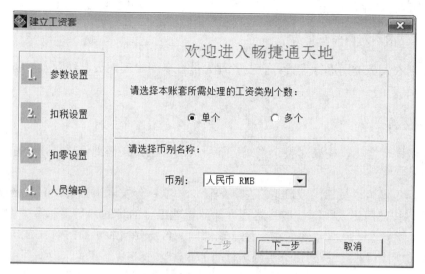

图 4-7　参数设置

（4）在"扣税设置"中，"是否从工资中代扣个人所得税"前的方框内打勾，单击"下一步"按钮。

（5）在"扣零设置"中，不做选择，直接单击"下一步"按钮。

（6）在"人员编码"中，单击"人员编码长度"增减器的下箭头将人员编码长度设置为 3，本账套的启用日期为 2014 年 1 月 1 日，"预置工资项目"前的方框内打勾，如图 4-8 所示。

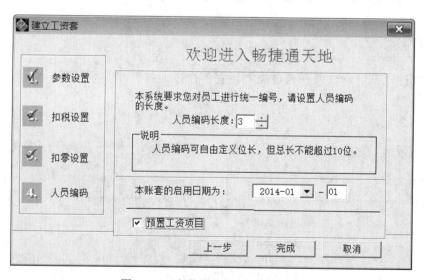

图 4-8　　人员编码与启用日期设置

（7）单击"完成"按钮，系统弹出提示"是否以 2014-01-01 为当前工资类别的启用日期"对话框，单击"是"按钮，完成工资账套建立。

小贴士

（1）在银行代发工资的情况上，扣零处理没有意义。

（2）建账完成后，可通过"设置/选项"命令进行部分参数修改。

任务 2.2　录入人员类别信息

对金泰制衣人员类别进行设置：企业管理人员、车间管理人员、经营人员和生产工人。

 任务分析

建立工资账套之后，需要对整个系统运行所需的一些公共基础信息进行设置。

1．部门

设置部门不仅可以按部门或班组汇总、统计、领款、分发职工工资，而且这些下发的工资又可以按部门记入账簿，最终达到分部门管理工资的目的。员工工资一般是按照部门进行管理的。系统会自动调入系统中已经存在部门。若需要增加新部门则可通过"工资/设置/部门选择设置/增加"等一系列任务实施进行增加。

2．人员类别

人员类别与工资费用的分配、分摊相关。设置人员类别的名称，是便于按人员类别进行工资汇总计算，实现在同一账套内各个部门按人员类别的不同进行综合汇总。

3．人员附加信息

工资系统不仅可以管理核算单位的人员工资，而且还可以通过增加人员的附加信息，丰富人员档案的内容，实现一个简单的人事档案管理的作用。人员附加信息包括人员性别、民族、婚否、联系方式、家庭住址等信息。此操作可通过"工资/设置/人员附加信息设置"。

 任务实施

（1）执行"工资→设置→人员类别设置"命令，打开"类别设置"对话框，如图 4-9 所示。

（2）在"类别"文本框中选中"无类别"，输入"企业管理人员"，如图 4-10 所示。

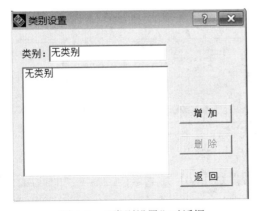

图 4-9　"类别设置"对话框

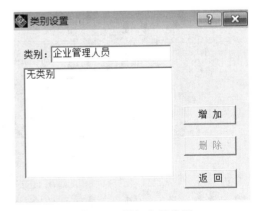

图 4-10　增加人员类别

（3）单击"增加"按钮，同理输入其他人员类别。选中"无类别"，单击"删除"按钮，如图 4-11 所示。

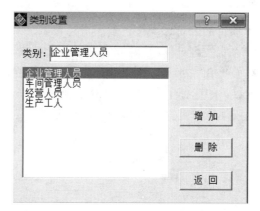

图 4-11　人员类别设置完毕后的界面

（4）单击"返回"按钮。

 小贴士

（1）在输入人员属性时，人员类别框不允许为空。系统初始默认人员类别框中有"无类别"一项，若您单位不对人员划分类别或单位中某些人员无具体类别，则应输入"无类别"项。

（2）已经使用的人员类别不允许删除。

（3）人员类别只剩一个时将不允许删除。

（4）人员类别名称长度不得超过 10 个汉字或 20 位字符。

任务 2.3　设置工资项目

金泰制衣的工资项目如表 4-5 所示，请在系统中进行设置。

表 4-5　工资项目

项目名称	类型	长度	小数位数	增减项
基本工资	数字	8	2	增项
奖金	数字	8	2	增项
交补	数字	8	2	增项
应发合计	数字	10	2	其他
请假扣款	数字	8	2	减项
保险费	数字	8	2	减项
住房公积金	数字	8	2	减项
扣款合计	数字	10	2	其他
代扣税	数字	10	2	减项
实发合计	数字	10	2	增项
请假天数	数字	8	2	其他
扣税基数	数字	8	2	其他

 **任务分析**

工资项目设置是对工资项目的名称、类型、宽度进行设置，系统提供了一些固定的项目，如"应发合计""扣款合计""实发合计"，这些固定项目是工资账套必不可少的，既不能修改也不能删除。如果账套设置了"扣零处理"，则系统在工资项目中自动生成"本月扣零"和"上月扣零"两个指定名称的项目。如选择了自动扣税功能，则系统在工资项目中自动生成"代扣税"项目。其他项目可根据实际情况定义或参照增加，如基本工资、奖金、请假扣款、交通补贴等。

任务实施

（1）执行"工资→设置→工资项目设置"命令，打开"工资项目设置"对话框。

（2）单击"增加"按钮，工资项目列表中增加一空行。

（3）单击"名称参照"下拉列表框，从下拉列表中选择"基本工资"选项。

（4）双击"类型"栏，单击下拉列表框，从下拉列表中选择"数字"选项；"长度"采用系统默认值"8"；双击"小数"栏，单击增减器的上三角按钮，将小数设置为"2"；双击"增减项"栏，单击下拉列表框，从下拉列表中选择"增项"选项。

（5）同理，单击"增加"按钮根据资料增加其他工资项目。

（6）所有项目增加完成后，删掉不需要的工资项目，然后利用"工资项目设置"界面上的▲和▼箭头按照表中顺序调整工资项目的排列位置，如图 4-12 所示。

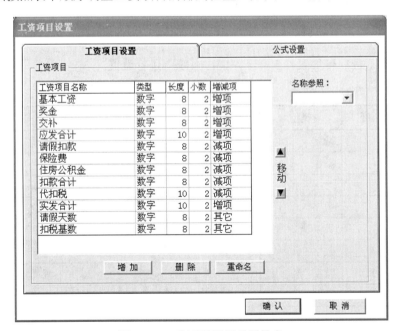

图 4-12　工资项目设置重新排序

（7）单击"确认"按钮返回。

小贴士

（1）在任务实施3中，若是在"参照名称"中无法找到所要填写的工资项目名称，可直接手工录入。

（2）工资项目不能重复选择。

（3）工资项目的类型、长度、小数位数、增减项等不可更改。若要变更，应关闭所有工资类别，点击"设置"菜单下的"工资项目设置"。

（4）项目一旦选择，即可进行公式定义。

（5）没有选择的工资项目不允许在计算公式中出现。

（6）系统提供的工资固定项目不允许删除。

（7）不能删除已输入数据的工资项目和已设置计算公式的工资项目。

任务 2.4 录入银行名称

金泰制衣发放工资银行为工商银行文一路支行，账号定长为11，请在系统中建立。

 **任务分析**

银行名称设置中可设置多个发放工资的银行，以适应不同的需要，例如：同一工资类别中的人员由于在不同的工作地点，需在不同的银行代发工资，或者不同的工资类别由不同的银行代发工资。

 **任务实施**

（1）执行"工资→设置→银行名称设置"命令，打开"银行名称设置"对话框。

（2）单击"增加"按钮，在"银行名称"文本框中输入"工商银行文一路支行"，账号长度默认为"11"。

（3）单击列表中的"工商银行"，再单击"删除"按钮，弹出系统提示"删除银行将相关文件及设置一并删除。是否继续？"，单击"是"按钮。同理删除其他无效银行。如图4-13所示。

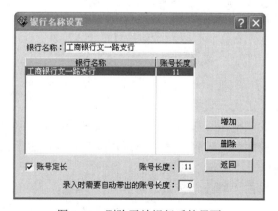

图 4-13 删除无效银行后的界面

（4）单击"返回"按钮。

 小贴士

（1）任务实施 2 中账号长度一定要填写准确，否则将影响任务 4.11 中职员档案中银行账号的录入。

（2）删除银行名称时，与同此银行有关的所有设置将一并删除，包括：银行的代发文件格式的设置、磁盘输出格式的设置、与此银行有关人员的银行名称和账号等。

任务 2.5　录入人员档案

金泰制衣人员档案如表 4-6 所示，需在系统中设置。

表 4-6　人员档案

人员编号	人员姓名	部门名称	部门编码	人员类别	银行账号	是否中方人员	是否计税
101	刘杨	办公室	1	企业管理人员	20140101001	是	是
201	张磊	财务部	2	企业管理人员	20140101002	是	是
202	李艳	财务部	2	企业管理人员	20140101003	是	是
203	方芳	财务部	2	企业管理人员	20140101004	是	是
204	张丽	财务部	2	企业管理人员	20140101005	是	是
301	樊阳	采购部	3	经营人员	20140101006	是	是
401	王丽	生产车间	4	车间管理人员	20140101007	是	是
402	王凡	生产车间	4	生产工人	20140101008	是	是
501	秦琴	销售部	5	经营人员	20140101009	是	是

 任务分析

人员档案包括基础信息和附加信息两部分。其中基础信息包括人员编码、姓名、所属部门编码、名称、人员类别、进入（离开日期）及相关备注；附加信息包括在公共基础信息设置中所包含的内容，如民族、性别、手机号等。人员档案管理包括增加、修改、删除人员档案、人员调离与停发处理、查找人员等。

 任务实施

（1）执行系统菜单"工资→设置→人员档案"命令，打开"人员档案"对话框。

（2）单击工具栏中的"批增"按钮，打开"人员批量增加"对话框。

（3）单击"部门"前面的"选择"栏，出现"√"符号，表示已经导入所属部门的人员档案，如图 4-14 所示。单击"确定"按钮。

（4）选中第一行，单击"修改"按钮，修改刘杨的档案，补充银行账号等相关信息，如图 4-15 所示。

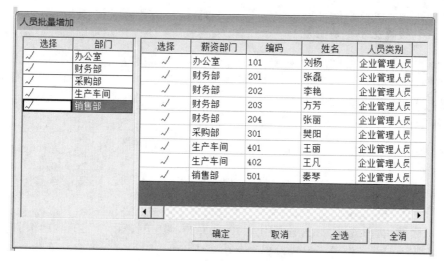

图4-14 批量导入职员档案

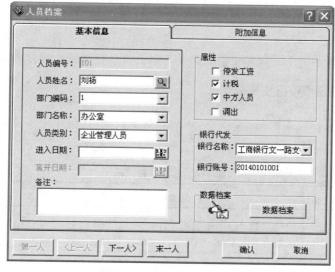

图4-15 修改人员档案

（5）单击"确认"按钮，弹出系统提示"写入该人员档案信息吗？"，单击"确定"按钮。

（6）同理依次修改其他人员档案。

（7）输入完毕，单击"取消"按钮，再单击"退出"按钮返回。

 小贴士

（1）新增人员档案可从"人员档案"对话框中，单击"增加"按钮，打开"人员档案"对话框进行相关信息录入。

（2）除了"批量增加人员档案"外，也可从"人员档案"对话框中，单击"增加"按钮，逐一录入相关职员档案。

（3）人员编号与人员姓名必须——对应。

（4）只有末级部门才能设置人员。

任务 2.6　设置工资类别主管

会计主管张磊将方芳设置为工资类别主管。

工资类别主管不是账套主管，而是具有工资功能权限的操作员。

（1）以会计主管张磊的身份进入用友 T3 主界面，登录日期为"2014-01-01"。

（2）执行"工资→设置→权限设置"命令，打开"权限设置"窗口，单击"修改"按钮，选中"工资类别主管"前的方框。

（3）单击"保存"按钮，再单击"退出"按钮返回。

 小贴士

操作员列表中列示的不是账套主管，而是具有工资功能权限的操作员。

任务 2.7　设置工资项目核算公式

金泰制衣工资项目公式如表 4-7 所示，需在系统中设置，设置完毕后将 101 账套备份到"E:\金泰制衣\工资初始化"中。

表 4-7　工资项目公式

工资项目	定义公式
请假扣款	请假天数×80
保险费	应发合计×8%
住房公积金	应发合计×12%
交补	iff(人员类别="企业管理人员" or "车间管理人员",500,300)

设置工资核算公式是指设置工资项目之间的计算等式或运算关系，以便于系统根据计算公式进行数据处理。运用公式可直观表达各工资项目的实际含义以及显示与该项目有关的各参数信息。定义公式可通过选择工资项目、运算符、关系符、函数等组合完成。如：请假扣款计算公式可定义为：请假扣款=请假天数*50；失业保险费计算公式可定义为：失业保险费=基础工资*3%；交通补贴计算公式可定义为：交补=iff(人员类别="企业管理人员"or 人员类别= "车间管理人员",400,200)，这表示人员类别为企业管理人员或者车间管理人员，交通补助为 400，其他人员为 200。

应发合计、扣款合计、实发合计、扣税基数的公式是系统预置的，不能修改。在此任务中，应发合计=基本工资+奖金+交补，扣款合计=请假扣款+保险费+住房公积金+代扣税，实发合计=应发合计－扣款合计，扣税基数=基本工资+奖金+交补。

**任务实施**

（1）执行"工资→设置→工资项目设置"命令，打开"工资项目设置"窗口。在"工资项目设置"窗口中单击"公式设置"选项卡。

（2）单击"增加"按钮，在"工资项目"列表中增加一空行，单击下拉列表框选择"请假扣款"选项。

（3）单击"工资项目"列表中的"请假天数"，此时"请假天数"出现在公式定义文本框中。在"运算符"选项组中单击"*"按钮，"请假扣款公式定义"选项组中的文本框即显示"*"。在"*"后输入80，如图4-16所示，单击"公式确认"按钮。同理设置保险费和住房公积金公式。

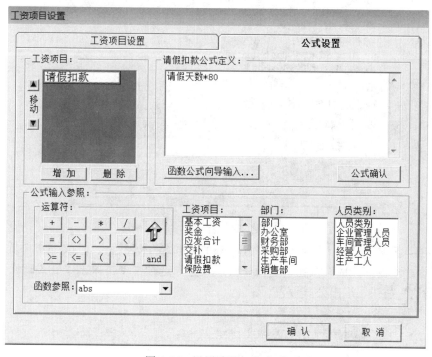

图4-16　设置请假扣款公式

（4）单击"增加"按钮，在"工资项目"选项组的列表框中增加一空行，然后选择"交补"选项。

（5）单击"函数公式向导输入"按钮，打开"函数向导——步骤之1"对话框。从"函数名"中选择iff，如图4-17所示。

（6）单击"下一步"按钮，打开"函数向导——步骤之2"对话框。单击"逻辑表达式"文本框右面的🔍，打开"参照"对话框。在"参照列表"下拉列表中选择"人员类别"选项，在下面的列表框中选择"企业管理人员"选项，单击"确认"按钮。然后按空格键后输入or，再按空格键，再次单击"逻辑表达式"文本框右面的🔍，打开"参照"对话框。在"参照列表"下拉列表中选择"人员类别"选项，在下面的列表框中选择"车间管理人员"选项。如图4-18所示。

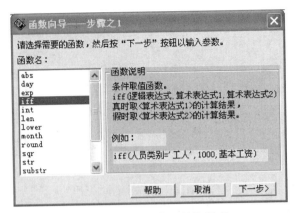

图 4-17　条件取值函数的说明

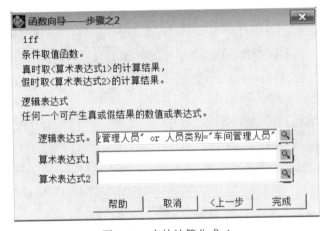

图 4-18　交补计算公式 1

（7）在"算术表达式 1"文本框中输入 500，在"算术表达式 2"文本框中输入 300，如图 4-19 所示。单击"完成"按钮，返回"公式设置"选项卡中，单击"公式确认"按钮，然后单击"确认"按钮，退出公式设置。

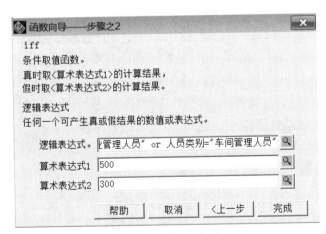

图 4-19　交补计算公式 2

（8）退出用友 T3，登录系统管理，将账套备份到"E:\金泰制衣\工资初始化"中。

小贴士

（1）在 or 前后一定要加空格，否则计算公式非法。

（2）保险费和住房公积金公式中的 8%与 12%，在公式输入时分别要输入 0.08、0.12，否则计算公式非法。

（3）公式中的标点符号均为英文状态下的。

子项目三　对固定资产管理系统进行初始化

固定资产管理系统初始化的主要内容包括建立固定资产账套、设置基础信息以及输入固定资产原始卡片。

建立固定资产账套是根据企业的具体情况，在已经建立的企业会计核算账套的基础上，设置企业进行固定资产核算的控制参数，这些参数包括约定与说明、启用月份、折旧信息、编码方式和财务接口等。

任务 3.1　建立固定资产账套

项目实施小组按照企业实际需要将固定资产参数整理如表 4-8 所示，以会计方芳身份进入用友 T3，进行固定资产建账。

表 4-8　参数设置

控制参数	参数设置
约定与说明	我同意
启用月份	2014.01
折旧信息	本账套计提折旧； 折旧方法：平均年限法（一）； 折旧汇总分配周期：1 个月； 当（月初已计提月份=可使用月份–1）时，将剩余折旧全部提足
编码方式	资产类别编码方式：2 1 1 2； 固定资产编码方式：按"部门编码+类别编码+序号"自动编码，卡片序号长度为"3"
财务接口	与账务系统进行对账； 不勾选在对账不平衡的情况允许月末结账； 对账科目： 固定资产对账科目：1601 固定资产； 累计折旧对账科目：1602 累计折旧

任务分析

建立固定资产账套需要进行固定资产参数设置，主要参数包括下列内容：

1. 约定及说明

确定资产管理的基本原则。

2．启用月份

确定时间边界。

3．折旧信息

设定固定资产是否计提折旧、计提折旧的周期及折旧方法等基本信息。

系统提供了不计提折旧、平均年限法（一）、平均年限法（二）、工作量法、年数总和法及双倍余额递减法六种折旧方法供企业选择。

4．编码方式

固定资产的编码是唯一区分每一项固定资产的标识。

固定资产的编码一般采用群码的方式，由类别编码、部门编码、使用情况编码和每项固定资产的顺序码等多组基本编码组成。

这种编码方式便于系统按照固定资产的使用情况、使用部门、资产类别等进行折旧计算、汇总数据和编制各种报表。固定资产系统需要定义的编码规则包括资产类别编码规则、固定资产编码规则等。

编码应尽量具有一定的层次。如固定资产编码可按"固定资产类别编码+部门编码+固定资产顺序号"进行设置，以便分类汇总，提供尽量多层次的管理信息。在设计代码时应注意不能超越系统编码总长度的要求。

5．与总账系统的接口设置

当固定资产管理系统与总账管理系统集成使用时，需要进行固定资产对账科目与入账科目的设置。

固定资产管理系统通过记账凭证的形式向总账管理系统传递数据，因此需要定义固定资产和累计折旧的缺省入账科目，以便固定资产管理系统中发生经济业务，自动生成记账凭证时参考使用。

当固定资产管理系统需要定期与总账管理系统进行对账时，要设置对账科目，一般固定资产对账科目应选择固定资产一级科目。累计折旧对账科目应选择累计折旧一级科目。通常情况下，当两个系统核对后数据一致时才允许结账。

任务实施

（1）以会计方芳的身份进入用友 T3 主界面，登录日期为"2014-01-01"。单击"固定资产"菜单项，系统弹出提示对话框，如图 4-20 所示。

（2）单击"是"按钮，进入"固定资产初始化向导-约定及说明"对话框，阅读相关条款，选中"我同意"按钮，如图 4-21 所示。

（3）单击"下一步"按钮，进入"固定资产初始化向导－启用月份"对话框，选择账套启用月份 2014.01，如图 4-22 所示。

图 4-20　系统提示信息

（4）单击"下一步"按钮，进入"固定资产初始化向导-折旧信息"对话框，选中"本账套计提折旧"复选框，选择折旧方法"平均年限法（一）"，折旧周期"1 个月"，选中"当（月初已计提月份=可使用月份-1）时，将剩余折旧全部提足（工作量法除外）"复选框，如图 4-23 所示。

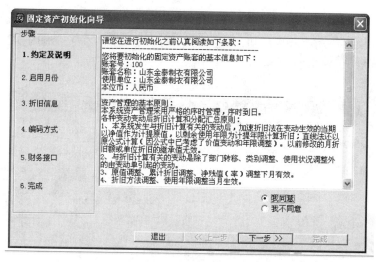

图 4-21 "固定资产初始化向导-约定与说明"对话框

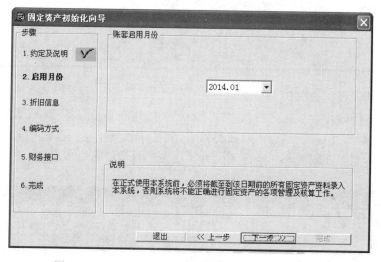

图 4-22 "固定资产初始化向导-启用月份"对话框

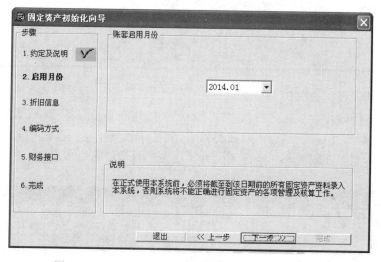

图 4-23 "固定资产初始化向导-折旧信息"对话框

（5）单击"下一步"按钮，进入"固定资产初始化向导－编码方式"对话框，确定编码长度为 2112，选中"自动编码"按钮，选择固定资产编码方式"部门编码+类别编码+序号"，选择序号长度为 3，如图 4-24 所示。

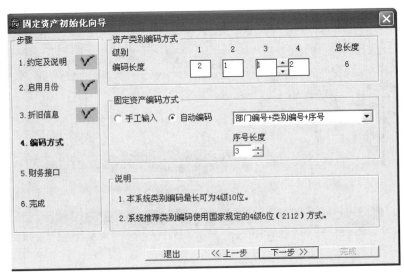

图 4-24　"固定资产初始化向导－编码方式"对话框

（6）单击"下一步"按钮，进入"固定资产初始化向导－财务接口"对话框，选中"与账务系统进行对账"，选择固定资产对账科目"1601，固定资产"、累计折旧对账科目"1602，累计折旧"，不勾选"在对账不平情况下允许固定资产月末结账"复选框，如图 4-25 所示。

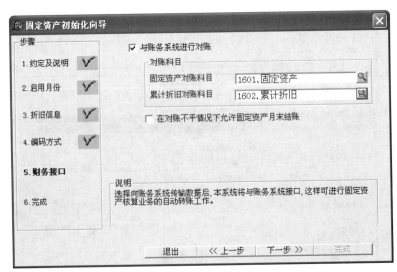

图 4-25　"固定资产初始化向导－财务接口"对话框

（7）单击"下一步"按钮，进入"固定资产初始化向导－完成"对话框，如图 4-26 所示。

（8）单击"完成"按钮，完成本账套的初始化，系统弹出提示对话框，如图 4-27 所示。

（9）单击"是"按钮，系统弹出提示对话框，如图 4-28 所示，单击"确定"按钮。

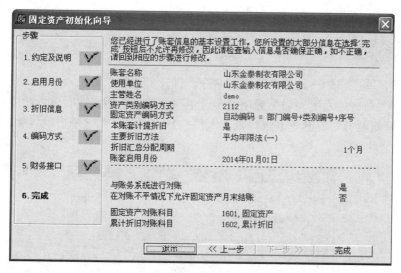

图 4-26 "固定资产初始化向导—完成"对话框

图 4-27 信息提示对话框

图 4-28 信息提示对话框

 小贴士

（1）初始化设置完成后，有些参数不能修改，所以要慎重。

（2）建账完成后，如果需要对账套中的某些参数进行修改，可以通过"设置→选项"命令修改；如果有些参数无法通过"选项"命令修改但又必须改正时，则只能通过"重新初始化账套"命令实现，重新初始化将清空对该固定资产账套所做的一切操作。

（3）如果是行政事业单位，不选中"本账套计提折旧"复选框，则账套内所有与折旧有关的功能被屏蔽。该选项在初始化设置完成后不能修改。

（4）虽然这里选择了某种折旧方法，但在设置资产类别或定义具体固定资产时可以更改设置。

任务 3.2 设置固定资产补充参数

以会计方芳的身份进行固定资产补充参数的设置，如表 4-9 所示。

表 4-9 补充参数设置

控制参数	参数设置
补充参数	业务发生后立即制单； 月末结账前一定要完成制单登账业务； 固定资产缺省入账科目：1601，累计折旧缺省入账科目：1602

（1）执行"固定资产→设置→选项"命令，打开"选项"对话框。

（2）打开"与财务系统接口"选项卡，选中"业务发生后立即制单"和"月末结账前一定要完成制单登账业务"复选框，选择默认入账科目"1601，固定资产""1602，累计折旧"，如图 4-29 所示。

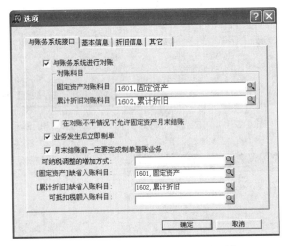

图 4-29   "与财务系统接口"选项卡

（3）单击"确定"按钮。

任务 3.3   设置固定资产类别

金泰制衣固定资产类别如表 4-10 所示，以会计方芳的身份进入系统进行该企业固定资产类别的设置。

表 4-10   固定资产类别

编码	类别名称	净残值率	计提属性
01	房屋及建筑物	5%	正常计提
011	生产经营用	5%	正常计提
012	非生产经营用	5%	正常计提
02	机器设备	5%	正常计提
021	生产经营用	5%	正常计提
022	非生产经营用	5%	正常计提
03	交通运输设备	5%	正常计提
031	生产经营用	5%	正常计提
032	非生产经营用	5%	正常计提
04	办公设备	5%	正常计提
041	生产经营用	5%	正常计提
042	非生产经营用	5%	正常计提

任务分析

固定资产种类繁多，规格不一，为强化固定资产管理，及时、准确地进行固定资产核算，需建立科学的资产分类核算体系，为固定资产的核算和管理提供依据。企业可以根据自身的特点和要求，设置较为合理的资产分类方法。

任务实施

（1）执行"固定资产→设置→资产类别"命令，打开"类别编码表"窗口。

（2）单击"增加"按钮，输入类别名称"房屋及建筑物"、净残值率 5%，选择计提属性"正常计提"、折旧方法"平均年限法（一）"、卡片样式"通用样式"，如图 4-30 所示。

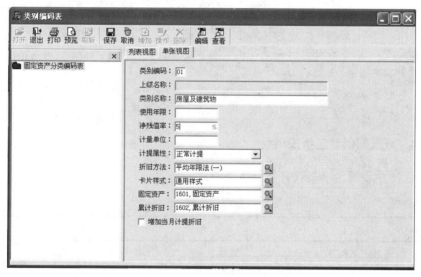

图 4-30　增加固定资产类别 1

（3）单击"保存"按钮。同理，输入类别编码为 02、03、04 的资产类别的信息。

（4）单击"退出"按钮，系统弹出提示对话框"是否保存数据"，单击"否"按钮。

（5）执行"固定资产→设置→资产类别"命令，打开"类别编码表"窗口。

（6）单击左侧的"01 房屋及建筑物"，右侧即打开房屋及建筑物的基本信息，单击"增加"按钮，如图 4-31 所示。

（7）在类别名称中输入"生产经营用"，单击"保存"按钮。同理输入类别编码为 012、021、022、031、032、041、042 的资产类别信息。

（8）全部输入完毕，单击"退出"按钮，系统弹出提示对话框"是否保存数据"，单击"否"按钮返回。

小贴士

（1）资产类别设置应遵循先设上级再设下级的原则。

（2）资产类别编码不能重复，同一级的类别名称不能相同。

（3）类别编码、名称、计提属性和卡片样式不能为空。

（4）已使用过的类别不能设置新下级。

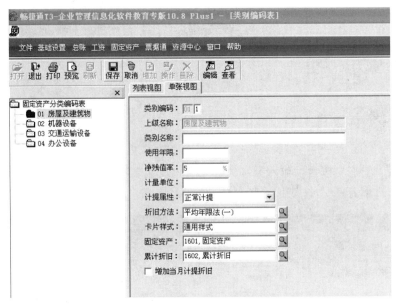

图 4-31　增加固定资产类别 2

任务 3.4　设置部门对应折旧科目

按表 4-11 所示设置金泰制衣各部门折旧科目。

表 4-11　部门对应折旧科目设置

部门	对应折旧科目
办公室、财务部、采购部	管理费用——折旧费（660203）
销售部	销售费用——折旧费（660103）
生产车间	制造费用——折旧费（510103）

　　固定资产部门对应折旧科目是指其折旧费用的入账科目。固定资产计提折旧后，需将折旧费用分配到相应的成本或费用中去，根据不同企业的情况可以按照部门或类别进行汇总。

　　部门对应折旧科目设置就是给每一个部门选择一个折旧科目，这样在输入卡片时，该科目自动添入卡片中，不必一个一个录入。

　　（1）执行"固定资产→设置→部门对应折旧科目"命令，打开"部门编码表"窗口。

　　（2）单击左侧"1 办公室"，单击"编辑"按钮下的"修改"项。

　　（3）在"折旧科目"栏中输入 660203，单击"保存"按钮，如图 4-32 所示。

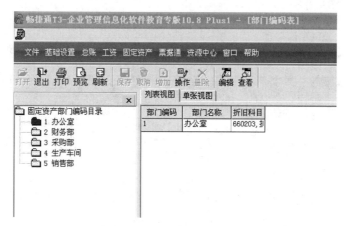

图 4-32　部门对应折旧科目设置

（4）同理，完成其他部门折旧科目的设置。

（5）单击"退出"按钮返回。

 小贴士

如果下属多个部门对应的折旧科目相同，可以将折旧科目设置在上级部门，保存后，单击"刷新"按钮，其下属部门自动继承。

任务 3.5　设置固定资产增减方式

按表 4-12 所示设置金泰制衣固定资产增减方式。

表 4-12　固定资产增减方式

增减方式目录	对应入账科目
增加方式：直接购入	工行存款——人民币户（10020101）
减少方式：毁损	固定资产清理（1606）

 任务分析

固定资产增减方式设置，即设置资产增加的来源和减少的去向。增加方式包括直接购买、投资者投入、捐赠、盘盈、在建工程转入、融资租入。减少方式主要包括出售、盘亏、投资转出、捐赠、报废、毁损、融资租出。增减方式可根据用户的需要自行增加。在增减方式的设置中还可以定义不同增减方式的对应入账科目，配合固定资产和累计折旧的入账科目使用，当固定资产发生增减变动时，系统生成凭证时会默认采用这些科目，可以快速生成凭证，减少手工输入数据的业务量。

 任务实施

（1）执行"固定资产→设置→增减方式"命令，打开"增减方式"窗口。

（2）在左侧的列表框中，选择增加方式"直接购入"，单击"编辑"按钮下的"修改"项。

（3）在"对应入账科目"栏内输入10020101，单击"保存"按钮，如图4-33所示。

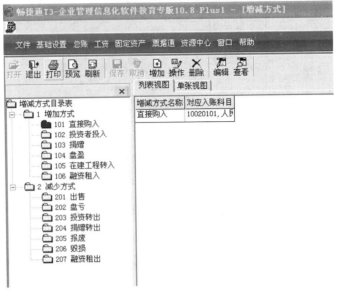

图 4-33　设置增加方式的对应入账科目

（4）同理，设置减少方式为"毁损"的对应入账科目"1606，固定资产清理"。

（5）单击"退出"按钮返回。

任务 3.6　录入固定资产期初数据

按表 4-13 所示，输入企业固定资产期初数据，并进行对账，并将 101 账套备份到"E:\金泰制衣\固定资产初始化"中。

表 4-13　固定资产期初数据

固定资产名称	类别编号	所在部门	增加方式	可使用年限	开始使用日期	原值	累计折旧	对应折旧科目名称	使用状况
厂房	011	生产车间	在建工程转入	30	2005-01-01	1005470	279721.54	制造费用/折旧费	在用
印花机	021	生产车间	直接购入	10	2010-01-01	177026	59015.55	制造费用/折旧费	在用
轿车	032	办公室	直接购入	10	2010-01-01	302354	112264.2	管理费用/折旧费	在用
打印机	042	财务部	直接购入	7	2011-11-01	5000	1412.5	管理费用/折旧费	在用
微机	042	采购部	直接购入	6	2013-01-01	10000	1452	管理费用/折旧费	在用
手机	042	销售部	直接购入	6	2013-01-01	4500	653.4	销售费用/折旧费	在用
合计						1504350	454519.19		

注：净残值率均为 5%，使用状况均为"在用"，折旧方法均采用平均年限法（一）。

任务分析

　　为保持历史资料的连续性，系统投入使用前企业现存固定资产的全部有关数据必须录入到系统中，这些数据就是是固定资产管理系统的初始数据，即固定资产原始卡片的有关数据。

　　固定资产原始卡片是固定资产管理系统处理的起点。因此，准确录入原始卡片内容是保证历史资料的连续性、正确进行固定资产核算的基本要求。为了保证所输入原始卡片数据的准确无误，应该在开始输入前对固定资产进行全面的清查盘点，做到账实相符。

　　一张原始卡片代表一项固定资产并形成固定资产卡片文件中的一项明细数据，输入完成后应与总账管理系统所记录的总数进行核对。固定资产卡片原值的合计应该等于总账管理系统固定资产账户的余额，卡片已提折旧的合计应等于总账管理系统累计折旧账户的余额。这种检验应在全部初始固定资产卡片输入计算机后由系统自动进行并给出提示。

任务实施

　　（1）执行"固定资产→卡片→录入原始卡片"命令，打开"资产类别参照"对话框。

　　（2）选择固定资产类别"011 生产经营用"，如图 4-34 所示。单击"确认"按钮，打开"固定资产卡片－录入原始卡片"窗口。

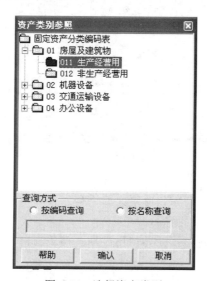

图 4-34　选择资产类别

　　（3）输入固定资产名称"厂房"，双击"部门名称"选择"生产车间"，双击"增加方式"选择"在建工程转入"，双击"使用状况"选择"在用"，输入可使用年限"30 年 0 月"，输入开始使用日期"2005-01-01"，输入原值 1005470、累计折旧 279721.54，其他信息系统自动算出，如图 4-35 所示。

　　（4）单击"保存"按钮，系统弹出提示"数据成功保存！"对话框，单击"确定"按钮。

　　（5）同理，完成其他固定资产卡片的输入。

　　（6）输入完毕后，单击"退出"按钮，弹出是否保存数据提示信息，单击"否"按钮。

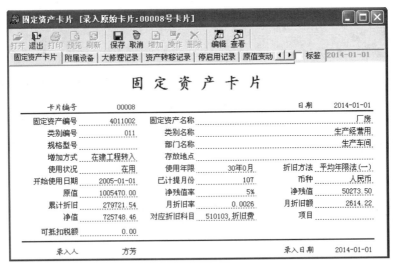

图 4-35　原始卡片输入

（7）执行"固定资产→处理→对账"命令，将当前固定资产明细账与总账进行对账，以确保固定资产明细账与总账相符。对账结果如图 4-36 所示，单击"确定"按钮。

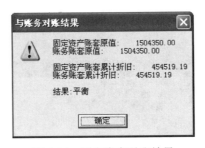

图 4-36　固定资产对账结果

（8）退出用友 T3，登录系统管理，将 101 账套备份到"E:\金泰制衣\固定资产初始化"中。

 小贴士

（1）卡片编号：系统根据初始化时定义的编码方案自动设置，不能修改，如果删除一张卡片，又不是最后一张时，系统将保留空号。

（2）已计提月份：系统将根据开始使用日期自动算出，但可以修改，需将使用期间停用等不计提折旧的月份扣除。

（3）月折旧率、月折旧额：与计算折旧有关的项目输入后，系统会按照输入的内容自动算出并显示在相应项目内，可与手工计算的值比较，核对是否有错误。

子项目四　对购销存管理系统进行初始化

购销存管理系统的初始化包括基础信息的输入和期初数据的录入。使用购销存业务管理之前，应做好手工基础数据的准备工作，如对库存合理分类、准备存货的详细档案、进行库存数据的整理以及与账面数据的核对等。因此，购销存管理需要增设基础档案信息，包括存货分类、存货档案、仓库档案、收发类别、采购类型以及销售类型等。

任务 4.1 设置存货分类

金泰制衣的存货分为两类，如表 4-14 所示，由张丽在系统中设置。

表 4-14 存货类别

类别编码	类别名称
01	原材料
0101	坯布
0102	拉链
02	产成品
0201	衬衣
0202	卫衣

任务分析

如果企业存货较多，需要按照一定的方式进行分类管理。存货分类是指按照存货固有的特征或属性将存货划分为不同的类别，以便于分类核算与统计。例如，工业企业可以将存货划分为原材料、产成品和应税劳务；商业企业可以将存货分为商品、应税劳务等。

在企业日常购销业务中，经常会发生一些劳务费用，如运输费、装卸费等。这些费用也是构成企业存货成本的一个组成部分，并且它们可以拥有不同于一般存货的税率。为了能够正确反映和核算这些劳务费用，一般我们在存货分类中单独设置一类，如"应税劳务"或"劳务费用"等。

任务实施

（1）以张丽的身份进入用友 T3 主界面，登录日期是"2014-01-01"。

（2）执行"基础设置→存货→存货分类"命令，打开"存货分类"窗口，如图 4-37 所示。

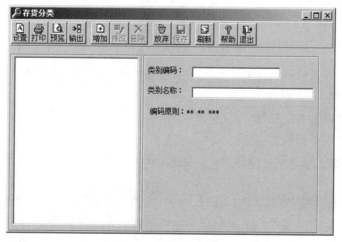

图 4-37 存货分类窗口

（3）按表 4-14 所示，输入存货类别编码、类别名称等信息，单击"保存"按钮。全部输入完毕后的界面如图 4-38 所示。

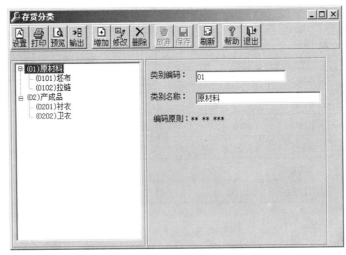

图 4-38   设置存货分类

（4）单击"退出"按钮。

任务 4.2   录入存货档案

金泰制衣存货档案如表 4-15 所示，由张丽在系统中输入。

表 4-15   存货档案

存货编号	存货名称	分类码	计量单位	税率	存货属性	参考成本（元）	参考售价（元）	主要供货单位
1001	坯布	0101	米	17%	外购、生产耗用	20		宜兴
1002	拉链	0102	条	17%	外购、生产耗用	1		亚辉
2001	衬衣	0201	件	17%	销售、自制		155	
2002	卫衣	0202	件	17%	销售、自制		130	

任务分析

在"存货档案"窗口中包括四个选项卡：基本、成本、控制和其他。

【基本页说明】

在"基本"选项卡中，有 6 个复选框，用于设置存货属性。设置存货属性的目的是在填制单据参照存货时缩小参照范围。

（1）销售：用于发货单、销售发票、销售出库单等与销售有关的单据参照使用，表示该存货可用于销售。

（2）外购：用于购货所填制的采购入库单、采购发票等与采购有关的单据参照使用。在采购发票、运费发票上一起开具的采购费用，也应设置为外购属性。

（3）生产耗用：存货可在生产过程中被领用、消耗。用于生产产品耗用的原材料、辅助材料等，在开具材料领料单时参照。

（4）自制：由企业生产自制的存货，如产成品、半成品等，主要用于在开具产成品入库单时参照。

（5）在制：指尚在制造加工中的存货。

（6）劳务费用：指在采购发票上开具的运输费、包装费等采购费用和开具在销售发票或发货单上的应税劳务、非应税劳务等。

【成本页说明】

在"成本"选项卡中，可以设置计划价/售价、参考成本、参考售价、最新成本、最低售价、最低批发价、最高进价和主要供货单位等参数。

【控制页说明】

在"控制"选项卡中，有以下两个复选框：

（1）是否批次管理：用于设置对存货是否按批次进行出入库管理。该复选框必须在库存管理系统账套参数中选中"有无批次管理"复选框后，方可设置。

（2）是否保质期管理：有保质期管理的存货必须有批次管理。因此，该复选框也必须在库存管理系统账套参数中选中"有无批次管理"复选框后，方可设置。

【其他页说明】

在"其他"选项卡中，可以设置单位重量、体积、启用日期、停用日期以及质量要求。

任务实施

（1）执行"基础设置→存货→存货档案"命令，打开"存货档案"窗口，如图4-39所示。

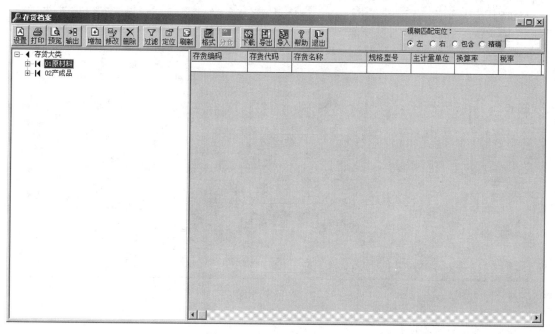

图4-39 "存货档案"窗口

（2）选中左侧列表中"0101 坯布"，单击"增加"按钮，打开"存货档案卡片"对话框，在"基本"选项卡中输入存货编码、存货名称、计量单位、所属分类码、税率等信息，并选中存货属性中"外购"与"生产耗用"前的方框，如图 4-40 所示。

（3）打开"成本"选项卡，输入参考成本 20，选择主要供货单位"辽宁宜兴公司"，如图 4-41 所示。

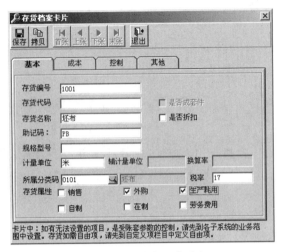

图 4-40　"基本"选项卡　　　　　　图 4-41　"成本"选项卡

（4）单击"保存"按钮，继续输入其他存货的档案。全部输入完成，如图 4-42 所示。

（5）单击"退出"按钮。

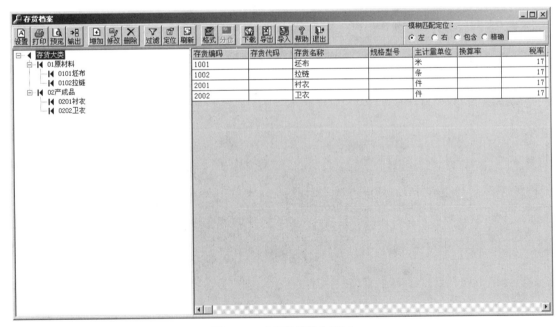

图 4-42　"存货档案"窗口

任务 4.3　录入仓库档案

金泰制衣仓库档案如表 4-16 所示，由张丽在系统中输入。

表 4-16 仓库档案

仓库编码	仓库名称	所属部门	负责人	计价方式
1	材料库	采购部	樊阳	先进先出法
2	产成品库	生产车间	王凡	先进先出法

存货一般是存放在仓库保管的。对存货进行核算管理，就必须建立仓库档案。

（1）执行"基础设置→购销存→仓库档案"命令，打开"仓库档案"窗口，如图 4-43 所示。

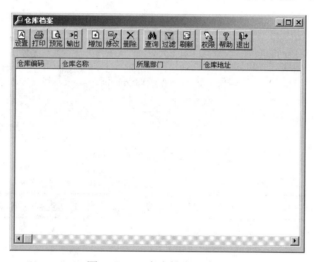

图 4-43 "仓库档案"窗口

（2）单击"增加"按钮，打开"仓库档案卡片"对话框，输入仓库编码、仓库名称、所属部门、负责人，选择计价方式，如图 4-44 所示，单击"保存"按钮。

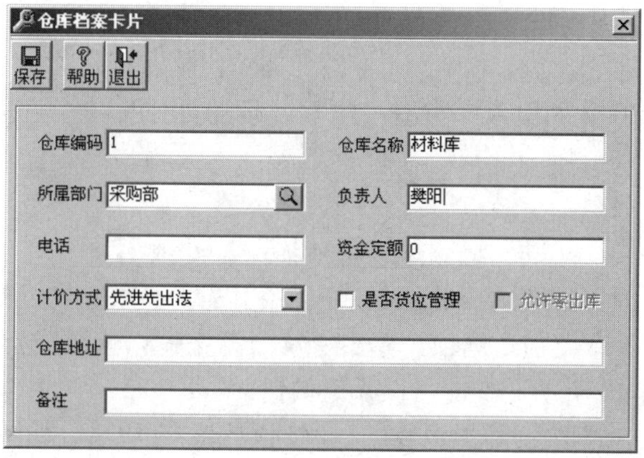

图 4-44 "仓库档案卡片"对话框

（3）按表 4-16 所示输入产成品库资料，保存后，单击"退出"按钮，回到"仓库档案"窗口，如图 4-45 所示。单击"退出"按钮。

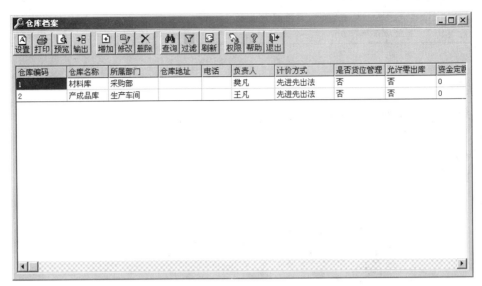

图 4-45 "仓库档案"窗口

任务 4.4 录入收发类别

金泰制衣收发类别如表 4-17 所示，由张丽在系统中输入。

表 4-17 收发类别

类别编码	类别名称	收发标志	类别编码	类别名称	收发标志
1	入库分类	收	2	出库分类	发
11	采购入库	收	21	销售出库	发
12	产成品入库	收	22	材料领用出库	发
13	其他入库	收	23	其他出库	发

收发类别用来表示存货的出入库类型，便于对存货的出入库情况进行分类汇总统计。

（1）执行"基础设置→购销存→收发类别"命令，打开"收发类别"窗口，如图 4-46 所示。

（2）选中"（1）入库类别"选项，单击"修改"按钮，修改类别名称为"入库分类"，选择收发标志，如图 4-47 所示，单击"保存"按钮。

（3）根据表 4-17 所示进行增加、修改、删除操作。完成后，如图 4-48 所示，单击"退出"按钮。

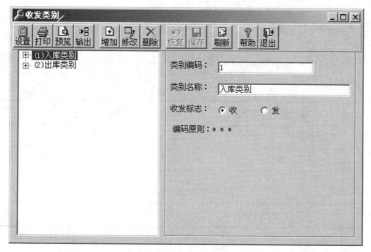

图 4-46 "收发类别"窗口

图 4-47 修改类别名称

图 4-48 "收发类别"窗口

任务 4.5　录入采购和销售类型

金泰制衣需要设置采购和销售类型，数据如表 4-18 和 4-19 所示，由张丽在系统中输入。

表 4-18　采购类型

采购类型编码	采购类型名称	入库类别	是否默认值
1	生产采购	采购入库	否
2	非生产采购	采购入库	否

表 4-19　销售类型

销售类型编码	销售类型名称	出库类别	是否默认值
1	批发	销售出库	否
2	零售	销售出库	否

 任务分析

定义采购类型和销售类型，能够按采购、销售类型对采购、销售业务数据进行统计和分析。采购类型和销售类型均不分级次，根据实际需要设立。

 任务实施

（1）执行"基础设置→购销存→采购类型"命令，打开"采购类型"窗口，如图 4-49 所示。

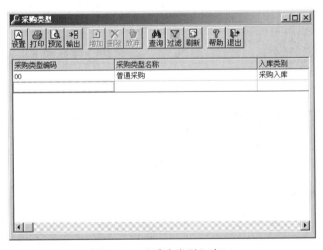

图 4-49　"采购类型"窗口

（2）按表 4-18 所示输入数据，默认值选择"否"，单击"增加"按钮，继续输入，按回车键保存，如图 4-50 所示。单击"退出"按钮。

（3）执行"基础设置→购销存→销售类型"命令，打开"销售类型"窗口，如图 4-51 所示。

（4）按表 4-19 所示输入数据，是否默认值选择"否"，单击"增加"按钮，继续输入，按回车键保存，如图 4-52 所示。单击"退出"按钮。

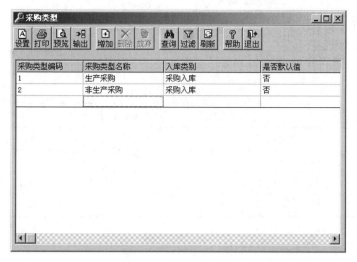

图 4-50 输入采购类型

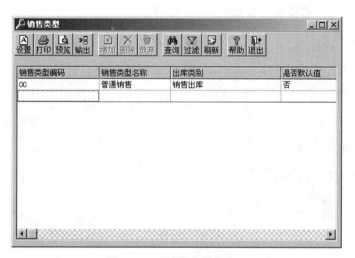

图 4-51 "销售类型"窗口

图 4-52 输入销售类型

任务 4.6 录入存货科目

金泰制衣的存货科目如表 4-20 所示，由张丽在系统中输入。

表 4-20 存货科目

仓库编码	仓库名称	存货分类	存货科目
1	材料库	0101	140301
1	材料库	0102	140302
2	产成品库	0201	140501
2	产成品库	0202	140502

任务分析

库存管理系统是购销存系统与财务系统联系的桥梁，各种存货的购进、销售及其他出入库业务，均在核算管理系统中生成凭证，并传递到总账管理系统。为了快速、准确地完成制单操作，应事先设置凭证上的相关科目。

存货科目是设置生成凭证所需要的各种存货科目和差异科目。存货科目既可以按仓库进行设置，也可以按存货分类分别进行设置。

任务实施

（1）执行"核算→科目设置→存货科目"命令，打开"存货科目"窗口，如图 4-53 所示。

图 4-53 "存货科目"窗口

（2）单击"增加"按钮，按表 4-20 所示输入数据，单击"保存"按钮，如图 4-54 所示。单击"退出"按钮。

任务 4.7 录入存货对方科目

金泰制衣的存货对方科目如表 4-21 所示，由张丽在系统中输入。

图 4-54 输入存货科目

表 4-21 存货对方科目

收发类别	对方科目
采购入库	材料采购（1401）
产成品入库	生产成本——直接材料（500101）
销售出库	主营业务成本（6401）
材料领用出库	生产成本——直接材料（500101）

任务分析

对方科目是设置生成凭证所需要的存货对方科目，可以按收发类别设置。

任务实施

（1）执行"核算→科目设置→存货对方科目"命令，打开"对方科目设置"窗口。

（2）单击"增加"按钮，按表 4-21 所示输入收发类别编码、对方科目编码，按回车键保存，同理输入其他数据，输入完毕如图 4-55 所示。单击"退出"按钮。

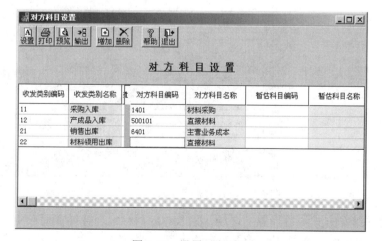

图 4-55 设置对方科目

任务 4.8　录入客户往来科目

金泰制衣客户往来科目如下，由张丽在系统中设置。应收款管理相关科目设置如下：

基本科目设置：应收科目（本币）1122，预收科目（本币）2203，销售收入科目 6001，应交增值税科目 22210102，现金折扣科目 660303。

结算方式科目设置：币种为人民币，现金结算对应 1001，现金支票和转账支票对应 10020101。

客户往来科目主要是设置生成凭证所需要的应收款管理的相关科目，便于系统自动对该业务进行制单。如果企业应收业务类型较固定，生成的凭证类型也较固定，为了简化凭证生成操作，可在此处将各业务类型凭证中的常用科目预先设置好，包括基本科目设置、控制科目设置、产品科目设置、结算方式科目设置等。

（1）执行"核算→科目设置→客户往来科目"命令，打开"客户往来科目设置"窗口。

（2）选择"基本科目设置"选项，输入对应科目：应收科目（本币）1122，预收科目（本币）2203，销售收入科目 6001，应交增值税科目 22210102，现金折扣科目 660303，如图 4-56 所示。

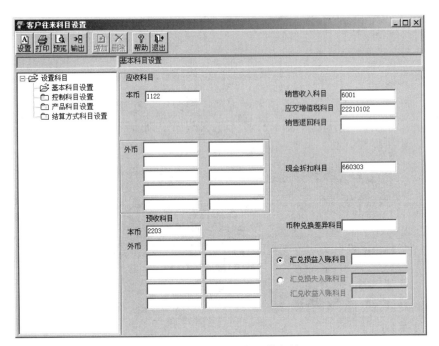

图 4-56　设置客户往来－基本科目

（3）选择"结算方式科目设置"选项，输入对应科目：现金结算对应 1001，现金支票和转账支票对应 10020101，选择币种为人民币，如图 4-57 所示。单击"退出"按钮。

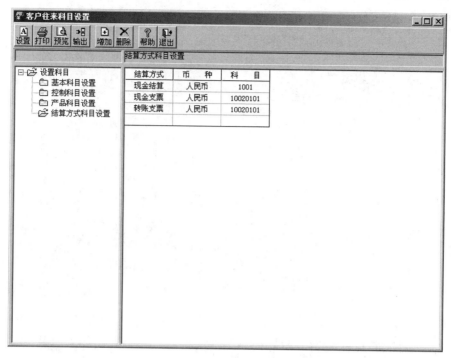

图 4-57 设置客户往来－结算方式科目

任务 4.9 录入供应商往来科目

金泰制衣供应商往来科目如下，由张丽在系统中设置。应付款管理相关科目设置如下：

基本科目设置：应付科目（本币）2202，预付科目（本币）1123，采购科目 1401，采购税金科目 22210101，现金折扣科目 660303。

结算方式科目设置：币种为人民币，现金结算对应 1001，现金支票和转账支票对应 10020101。

任务分析

供应商往来科目主要是设置生成凭证所需要的应付款管理的相关科目，便于系统自动对该业务进行制单。如果企业应付业务类型较固定，生成的凭证类型也较固定，为了简化凭证生成操作，可在此处将各业务类型凭证中的常用科目预先设置好，主要包括基本科目设置、控制科目设置、产品科目设置、结算方式科目设置。

任务实施

（1）执行"核算→科目设置→供应商往来科目"命令，打开"供应商往来科目设置"窗口。

（2）选择"基本科目设置"选项，输入对应科目：应付科目（本币）2202，预付科目（本币）1123，采购科目 1401，采购税金科目 22210101，现金折扣科目 660303，如图 4-58 所示。

（3）选择"结算方式科目设置"选项，输入对应科目：现金结算对应 1001，现金支票和转账支票对应 10020101，选择币种为人民币，如图 4-59 所示。

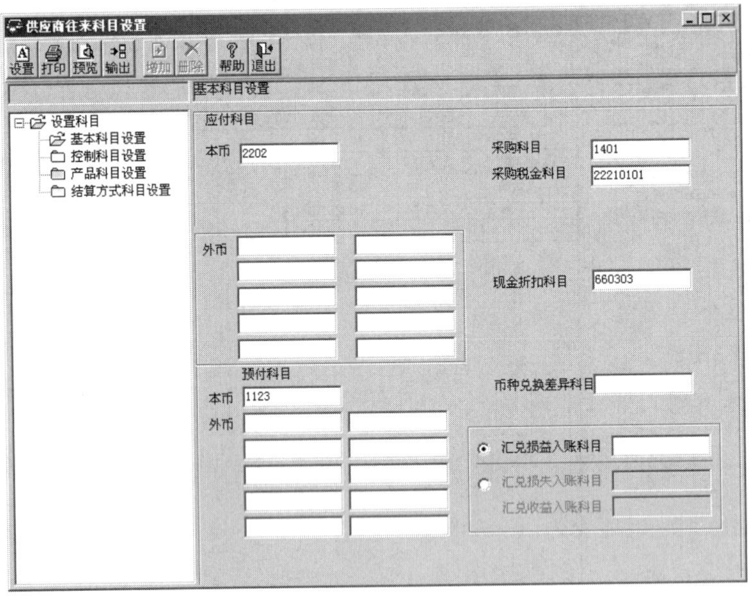

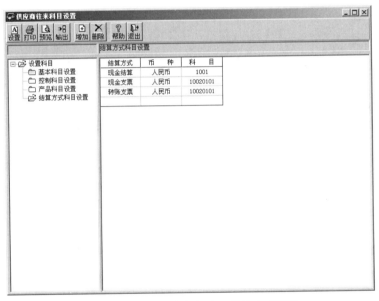

图 4-58 设置供应商往来－基本科目

图 4-59 设置供应商往来－结算方式科目

任务 4.10 录入采购管理系统期初数据

2013 年 12 月 28 日，金泰制衣采购部收到宜兴公司提供的坯布 12000 米，估价为 20 元/米，商品已验收入材料库，尚未收到发票，由会计张丽输入期初余额，并进行采购期初记账。

在购销存管理系统中，输入期初数据是非常关键的一个环节，期初数据的输入内容如表 4-22 所示。

表 4-22　购销存管理系统期初数据明细

系统名称	操作	内容	说明
采购管理	输入	暂估入库期初余额	暂估入库是指货到票未到
		在途存货期初余额	在途存货是指票到货未到
	期初记账	采购期初数据	没有期初数据也要执行期初记账，否则不能开始日常业务
销售管理	输入并审核	期初发货单	已发货、出库，但未开票
		期初委托代销发货单	已发货未结算的数量
		期初分期收款发货单	已发货未结算的数量
库存管理	输入（取数）审核	库存期初余额	库存和存货共用期初数据
		不合格品期初	未处理的不合格品结存量
核算管理	输入（取数）记账	存货期初	
		期初分期收款发出商品余额	

　　采购管理系统存在两类期初数据：一类是货到票未到，即暂估入库业务，对于这类业务应调用期初采购入库单输入；另一类是票到货未到，即在途物资，对于这类业务应调用期初采购发票输入。采购管理系统在输入采购入库单后，需要进行期初记账。

任务实施

　　（1）执行"采购→采购入库单"命令，打开"采购入库"窗口。
　　（2）单击"增加"按钮，输入入库日期 2013-12-28，选择仓库"材料库"，入库类别"采购入库"，部门"采购部"，业务员"樊阳"，采购类型"生产采购"，供货单位"宜兴"。
　　（3）选择存货编码 1001、数量 12000、单价 20，单击"保存"按钮，如图 4-60 所示。单击"退出"按钮。

图 4-60　输入期初采购入库单

（4）执行"采购→期初记账"命令，打开"期初记账"对话框，如图 4-61 所示。

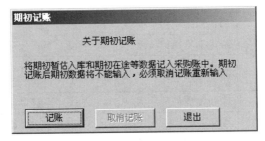

图 4-61　"期初记账"对话框

（5）单击"记账"按钮，稍等片刻，系统弹出提示"期初记账完毕！"对话框，单击"确定"按钮返回。

 小贴士

（1）只要采购管理系统没有期初记账，进入采购入库单，显示的就是"期初采购入库单"。

（2）期初采购入库单的日期要早于模块的启用日期。

（3）采购管理系统如果不执行期初记账，无法开始日常业务处理，因此，即使没有期初数据，也要执行期初记账。

（4）采购管理系统如果不执行期初记账，库存管理系统和核算管理系统都不能记账。

（5）期初记账后，如果发现期初数据有错误，必须要取消期初记账。执行"采购→期初记账"命令，在打开的"期初记账"对话框中单击"取消记账"按钮即可。

任务 4.11　录入库存或存货核算系统期初数据

金泰制衣 2013 年 12 月 31 日对各仓库进行盘点，结果如表 4-23 所示，张丽对库存期初记账。

表 4-23　库存期初数据

仓库名称	存货编号	存货名称	计量单位	数量	单价/元	金额/元	合计/元
材料库	1001	坯布	米	11500	20	230000	240000
材料库	1002	拉链	条	10000	1	10000	
产成品库	2001	衬衣	件	876	155	135780	247580
产成品库	2002	卫衣	件	860	130	111800	

 任务分析

初次使用库存管理系统，必须使用此功能输入各存货期初数据。如果系统中已有上年的数据，在使用"结转上年"后，上年各存货结存将自动结转本年。如果库存系统和存货核算系统同时使用，新用户录入期初数据之前，应将库存的结存数与存货核算的结存数核对一致后，统一录入。因为在本系统中期初数据是库存系统和存货核算系统共用的。

（1）执行"库存→期初数据→库存期初"命令，打开"期初余额"窗口。

（2）先选择仓库"材料库"，再单击"增加"按钮，输入存货编号 1001，按表 4-23 所示输入期初数据，单击"保存"按钮，如图 4-62 所示。

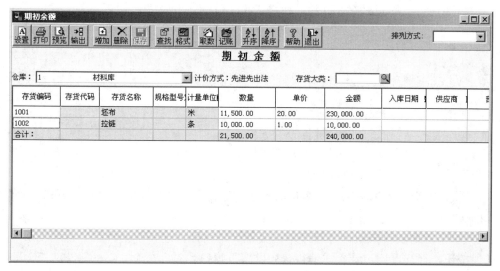

图 4-62 输入库存/存货期初数据

（3）同理输入产成品库的资料，单击"记账"按钮，系统对所有仓库进行记账。完成后，弹出提示"期初记账成功！"对话框，单击"确定"按钮，再单击"退出"按钮。

（4）执行"核算→期初数据→期初余额"命令，打开"期初余额"窗口，查看期初数据已自动获得，如图 4-63 所示，单击"退出"按钮。

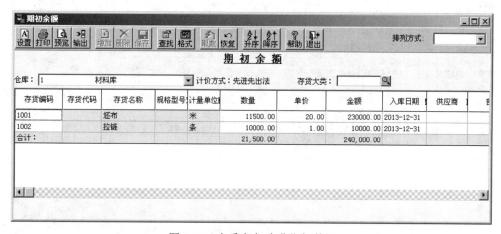

图 4-63 查看库存/存货期初数据

 小贴士

各个仓库存货的期初数据既可以在库存管理模块中输入，也可以在核算管理模块中输入。

只要在其中一个模块中输入，另一个模块中就会自动获得期初库存数据。金泰制衣是在库存管理模块中输入期初数据的。

任务 4.12　录入客户往来期初数据

根据下面提供的数据，由会计张丽输入金泰制衣客户往来期初数据。

应收账款的期初余额为 104000 元，以普通销售发票形式录入，信息如下：2013 年 12 月 26 日，销售部销售给华润卫衣 800 件，每件价格 130 元，开具普通销售发票，发票号 SZ110，货款未收。

客户往来期初数据需要在销售管理系统中输入。

（1）执行"销售→客户往来→客户往来期初"命令，打开"期初余额—查询"对话框。单击"确认"按钮，打开"期初余额"窗口。

（2）单击"增加"按钮，打开"单据类别"对话框，选择单据类型"普通发票"，单击"确认"按钮，打开"期初录入—销售普通发票"窗口。

（3）输入开票日期 2013-12-26、发票号 SZ110，选择客户名称"华润"、销售部门"销售部"、科目 1122、货物名称"卫衣"、数量 800、单价 130，其他信息默认设置，单击"保存"按钮，如图 4-64 所示。

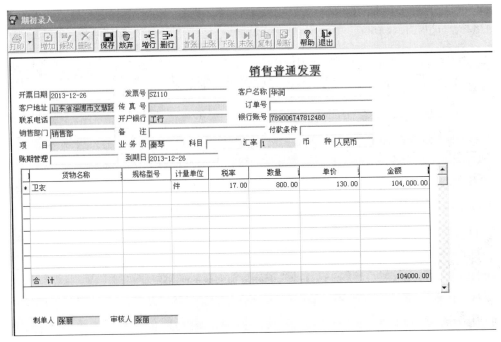

图 4-64　输入客户往来期初数据

（4）单击"退出"按钮，回到"期初余额—期初余额明细表"窗口。单击"对账"按钮，将目前应收账款明细账与总账对账，如图 4-65 所示。单击"关闭"按钮，回到"期初余额—期初余额明细表"窗口，单击"退出"按钮。

科目		应收期初		总账期初	
编号	名称	原币	本币	原币	本币
1122	应收账款	104,000.00	104,000.00	104,000.00	104,000.00
2203	预收账款	0.00	0.00	0.00	0.00
	合计		104,000.00		104,000.00

图 4-65　应收明细账期初与总账期初对账

任务 4.13　录入供应商往来期初数据

根据下面提供的数据，由会计张丽输入金泰制衣供应商往来期初数据。输入完毕，将 101 账套备份到"E:\金泰制衣\购销存初始化"中。

应付账款科目的期初余额为 248000 元，以普通采购发票形式录入，信息如下：

（1）2013 年 12 月 28 日，采购部收到宜兴提供的坯布 12000 米，每米价格 20 元，商品已验收入材料库，2014 年 1 月 1 日收到发票，票号 FZ204，票号日期 2013 年 12 月 28 日。

（2）2013 年 12 月 31 日，采购部收到亚辉提供的拉链 8000 条，每条价格 1 元，开具普通采购发票，发票号 FZ218，货款未付。

任务分析

供应商往来期初数据需要在采购管理系统中输入。

任务实施

（1）执行"采购→供应商往来→供应商往来期初"命令，打开"期初余额—查询"对话框。单击"确认"按钮，打开"期初余额"窗口。

（2）单击"增加"按钮，打开"单据类别"对话框，选择单据类型"普通发票"，单击"确认"按钮，打开"期初录入—采购普通发票"窗口。

（3）输入开票日期 2013-12-28、发票号 FZ204，选择供货单位"宜兴"、部门名称"采购部"、科目编码 2202，输入货物名称"坯布"、数量 12000、单价 20，其他信息默认设置，单击"保存"按钮，如图 4-66 所示。

（4）单击"增加"按钮，完成其他信息输入后，单击"保存"按钮。

（5）单击"退出"按钮，回到"期初余额明细表"窗口。单击"对账"按钮，将目前应付账款明细账与总账对账，如图 4-67 所示。单击"关闭"按钮，回到"期初余额明细表"窗口，单击"退出"按钮。

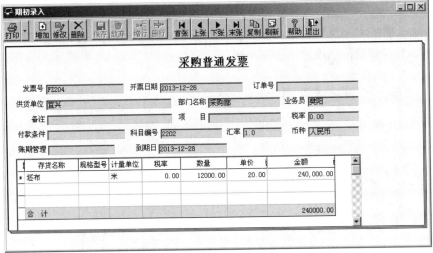

图 4-66　输入供应商往来期初数据

科目		应付期初		总账期初	
编号	名称	原币	本币	原币	本币
1123	预付账款	0.00	0.00	0.00	0.00
2202	应付账款	248,000.00	248,000.00	248,000.00	248,000.00
	合计		248,000.00		248,000.00

图 4-67　应付明细账期初与总账期初对账

（6）退出用友 T3，登录系统管理，将 101 账套备份到 "E:\金泰制衣\购销存初始化"中。

项目五　处理日常业务

 **知识目标**

①熟悉总账管理系统日常业务处理的基本流程。
②熟悉工资管理系统日常业务处理的基本流程。
③熟悉固定资产管理系统日常业务处理的基本流程。
④熟悉购销存管理系统日常业务处理的基本流程。

能力目标

①能对总账管理系统进行日常业务处理。
②能对工资管理系统进行日常业务处理。
③能对固定资产管理系统进行日常业务处理。
④能对购销存管理系统进行日常业务处理。

素质目标

①通过各子系统操作员角色的转换，使学生具有角色和岗位意识，明确会计岗位责任制。
②通过各子系统之间业务的来回切换，使学生真正意识到各子系统之间的勾稽关系，使学生具有系统集成的概念。

工作背景

金泰制衣在对用友 T3 总账管理系统、工资管理系统、固定资产管理系统、购销存管理系统初始化完成后，就可以进行公司 2014 年 1 月份日常业务的处理了。日常业务的处理主要包括四个方面：和总账有关的日常业务、和工资有关的日常业务、和固定资产有关的日常业务及和购销存有关的日常业务，这四大板块将按照业务发生的时间顺序进行一一处理。其中总账、工资、固定资产这三个子系统的日常业务处理由会计方芳完成，购销存子系统的日常业务处理由会计张丽完成，和出纳有关的日常业务由出纳李艳完成，凭证的审核由会计主管张磊完成。

子项目一　处理上旬日常业务

任务 1.1　处理总账日常业务－填制无核算项目的凭证

2014 年 1 月 1 日，销售部秦琴购买了 500 元的办公用品，以现金支付。

借：销售费用——办公费（660104）　　　　　　　　　　500

　　贷：库存现金（1001）　　　　　　　　　　　　　　　　　500

系统初始化工作完成后，企业就可以开始进行日常业务处理了。日常业务处理分布于各子系统，而连接总账、工资、固定资产、购销存各子系统的关键是记账凭证，因为工资、固定资产、购销存子系统生成的记账凭证最终都要传到总账管理系统,在总账管理系统中进行审核、记账、对账和结账，如项目一中的图 1-2 所示。

记账凭证是登记账簿的依据，是总账管理系统的唯一数据来源，所以凭证管理是总账管理系统最为核心的内容。凭证管理的内容主要包括填制凭证、凭证复核、凭证汇总、凭证记账，以及修改凭证、作废凭证、冲销凭证、查询凭证等内容。

记账凭证按其编制来源可分为两大类：手工填制凭证和机制凭证。机制凭证包括：利用总账管理系统自动转账功能生成的凭证；从其他子系统中生成传递到总账管理系统的凭证。

手工填制凭证时各项目应填制的内容如下：

（1）凭证类别：输入凭证类别字，也可以用鼠标单击 🔍 按钮，参照选择一个凭证类别，确定后按 Enter 键，系统将自动生成凭证编号，并将光标定位在制单日期上。

（2）凭证编号：一般情况下，由系统分类按月自动编制，即每类凭证每月都从 0001 号开始。

（3）制单日期：本系统默认应按时间顺序填制凭证，即每月内的凭证日期不能倒流，如：1 月 20 日某类凭证已填到第 100 号凭证，则填制该类 100 号以后的凭证时，日期不能为 1 月 1 日至 1 月 19 日的日期，而只能是 1 月 20 至月底的日期。但如果用户在"总账→选项→凭证"中取消"制单序时控制"也可解除这种限制。

（4）附单据数：附单据数指的是该记账凭证所附的原始单据张数。

（5）凭证内容：即本张凭证的每一笔分录。每笔分录由摘要、科目、金额组成：

1）摘要：输入本笔分录的业务说明，摘要要求简洁明了。在日常填制凭证的过程中，因为业务的重复性发生，经常会有许多摘要完全相同或大部分相同，如果将这些常用摘要存储起来，在填制会计凭证时可随时调用，必将大大提高业务处理效率。

2）科目：科目必须输入末级科目名称。科目可以输入科目编码、中文科目名称、英文科目名称或助记码。此外，还应根据科目属性输入相应的辅助信息，如部门、个人、项目、客户、供应商、数量、自定义项等。

3）金额：即该笔分录的借方或贷方本币发生额，金额不能为零，但可以是红字，红字金额以负数形式输入。如果方向不符，可按空格键调整金额方向。

（1）以会计方芳的身份进入用友 T3 主界面，登录日期为"2014-01-01"。

（2）执行"总账→凭证→填制凭证"命令，打开"填制凭证"窗口。单击"增加"按钮，系统自动增加一张空白收款凭证。

（3）在凭证左上角单击按钮，选择凭证类型为"付"，输入制单日期 2014.01.01，附单据数 1。

（4）输入摘要"购买办公用品"，输入借方科目名称 660104，输入借方金额 500，按回车键，摘要自动被带到下一行。输入贷方科目名称 1001，输入贷方金额 500，如图 5-1 所示。

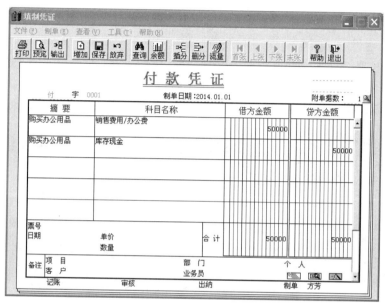

图 5-1 无核算项目的凭证填制

（5）单击"保存"按钮，系统弹出"凭证已成功保存！"对话框，单击"确定"按钮返回。

 小贴士

（1）对于同一个往来单位，名称要前后一致，比如不能有时用"用友公司"，有时又用"用友集团公司"，若名称前后不一致，系统则将其当成两个单位。

（2）凭证一旦保存，其凭证类别、凭证编号将不能再修改。

（3）科目必须输入末级科目名称。

（4）金额不能为零，但可以是红字，红字金额以负数形式输入。

任务 1.2 处理总账日常业务－填制含银行科目的凭证

2014 年 1 月 2 日，财务部李艳从工行提取现金 10000 元，作为备用金（现金支票号 XJ100），需登记支票簿。

借：库存现金（1001）　　　　　　　　　　　　　　　　　10000
　　贷：银行存款——工行存款——人民币户（10020101）　　10000

任务分析

若凭证中有银行科目，那么屏幕将提示用户输入"结算方式""票号"及"发生日期"。

其中，"结算方式"输入银行往来结算方式，"票号"应输入结算号或支票号，"发生日期"应输入该笔业务发生的日期，"发生日期"主要用于银行对账。

（1）单击"增加"按钮，系统自动增加一张空白付款凭证，输入日期 2014.01.02，附单据数 1。

（2）输入摘要"提取备用金"，输入借方科目名称 1001，金额 10000，按回车键，摘要自动被带到下一行。输入贷方科目名称 10020101，并弹出"辅助项"对话框。选择结算方式 201，输入票号 XJ100，如图 5-2 所示。

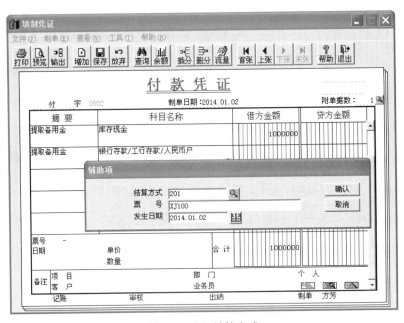

图 5-2　登记结算方式

（3）输入相关信息后，单击"保存"按钮，系统弹出提示信息"此支票尚未登记，是否登记"，点击"是"按钮，进行票号登记。

（4）单击"确定"按钮，系统弹出"凭证已成功保存"对话框，单击"确定"按钮返回。

 小贴士

（1）在总账参数中选中"支票控制"复选框，且结算方式设为"票据管理"，则现金银行账辅助信息不能为空，而且该方式的票号应在支票登记簿中有记录。

（2）如果借贷方都有现金和银行存款科目时，该凭证为付款凭证。

任务 1.3　处理总账日常业务－填制含外币核算科目的凭证

2014 年 1 月 3 日，金泰制衣收到红海集团投资资金 10000 美元，汇率 1:8.35（转账支票号 ZZ100）。

借：银行存款——工行存款——美元户（10020102）　　　83500
　　贷：实收资本（4001）　　　　　　　　　　　　　　　　　83500

任务分析

如果凭证含有外币核算科目，系统自动将凭证格式改为外币式，如果系统有其他辅助核算，则先输入其他辅助核算后，再输入外币信息。

外币：系统将自动显示在"外币及汇率"所录的汇率，若在"账簿选项"中将"汇率方式"选项设为固定汇率，则显示当月的月初汇率，若"汇率方式"选项设为浮动汇率，则显示当日的浮动汇率。

折算公式在"外币及汇率"中定义，一般企业使用"外币×汇率=本币"公式折算本币金额，也有些企业采用"外币÷汇率=本币"公式折算本币金额。

金额系统根据折算公式自动折算出金额，并将金额先放在借方，如果方向不符，可将光标移动到贷方后，按空格键即可调整金额方向。

任务实施

（1）单击"增加"按钮，系统自动增加一张空白付款凭证，在凭证左上角单击 按钮，选择凭证类型为"收"，输入日期2014.01.03，附单据数1。

（2）输入摘要"收到投资款"，输入借方科目名称10020102，系统自动显示外币汇率8.35，并弹出"辅助项"对话框。选择结算方式202，输入票号ZZ100，如图5-3所示。

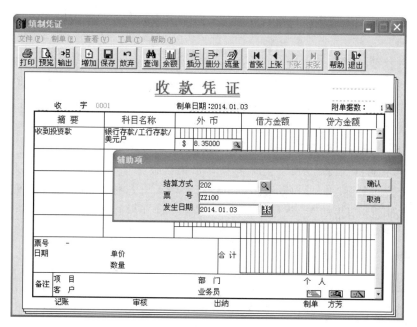

图5-3　含外币核算项目的凭证填制

（3）单击"确认"按钮返回。输入外币金额10000，系统自动算出并显示本币金额83500。

（4）继续输入贷方数据。数据输入完成后，单击"保存"按钮。系统弹出"凭证已成功保存"对话框，单击"确定"按钮返回。

 小贴士

若使用固定汇率，则外币栏中内容是固定的，不能输入或修改。若使用浮动汇率，汇率栏中会显示最近一次汇率，可以直接在汇率栏中修改。

任务 1.4　处理总账日常业务－填制含个人往来科目的凭证

2014 年 1 月 4 日，销售部秦琴出差归来，报销差旅费 2500 元，交回现金 200 元。

借：库存现金（1001）　　　　　　　　　200
　　贷：其他应收款（1221）　　　　　　　　　　　200
借：销售费用——差旅费（660106）　　　2500
　　贷：其他应收款（1221）　　　　　　　　　　　2500

 **任务分析**

若凭证中含有个人往来核算科目，则屏幕提示用户输入"部门""个人"等信息，可输入代码或名称，也可按按钮参照输入。

 **任务实施**

（1）单击"增加"按钮，系统自动增加一张空白收款凭证，输入日期 2014.01.04，附单据数 1。

（2）输入摘要"多余差旅费交回"，输入借方科目名称 1001，借方金额 200，按回车键，摘要自动被带到下一行。输入贷方科目名称 1221，弹出"辅助项"对话框，选择部门"销售部"、个人"秦琴"、发生日期 2014.01.04，如图 5-4 所示。

（3）单击"确认"按钮，输入贷方金额 200，单击"保存"按钮。系统弹出"凭证已成功保存"对话框，单击"确定"按钮返回。

（4）同理增加一张转账凭证，输入摘要"报销差旅费"，输入借方科目名称 660106，借方金额 2500，按回车键，摘要自动被带到下一行。输入贷方科目名称 1221，弹出"辅助项"对话框，选择部门"销售部"、个人"秦琴"、发生日期 2014.01.04。

（5）单击"确认"按钮，输入贷方金额 2500，单击"保存"按钮，系统弹出"凭证已成功保存"对话框，单击"确定"按钮返回。

 小贴士

在输入个人信息时，若不输入部门名称，只输入个人名称，系统将根据所输入的个人名称自动输入其所属的部门。

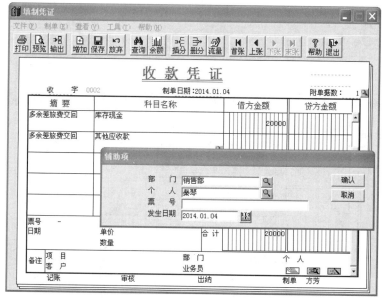

图 5-4　含个人往来核算项目的凭证填制

任务 1.5　处理总账日常业务－填制含客户往来核算科目的凭证

2014 年 1 月 5 日，销售部秦琴收到华润公司转账支票一张，金额为 104000 元，用以偿还前欠货款（转账支票号 ZZ118，发票号 SZ110）。

借：银行存款——工行存款——人民币户（10020101）　　104000

贷：应收账款（1122）　　104000

 任务分析

如果凭证中有客户往来科目，那么屏幕将提示用户输入"客户""业务员"及"票号"等信息。"客户"可输入代码或客户简称，也可通过参照功能输入。"业务员"可输入该笔业务的销售或采购人员，"票号"可输入往来业务的单据号。

 任务实施

（1）单击"增加"按钮，系统自动增加一张空白转账凭证，在凭证左上角单击 按钮，选择凭证类型为"收"，输入日期 2014.01.05，附单据数 1。

（2）输入摘要"收回前欠款"，借方科目名称 10020101、金额 104000 及相应的结算方式和票号。按回车键，摘要自动带到下一行。输入贷方科目名称 1122，弹出"辅助项"对话框。选择输入客户"华润"、业务员"秦琴"、发票号"SZ110"、发生日期 2014.01.05，如图 5-5 所示。

（3）单击"确认"按钮，输入贷方金额 104000。

（4）单击"保存"按钮，系统弹出"凭证已成功保存"对话框，单击"确定"按钮。

（5）单击"退出"按钮返回。

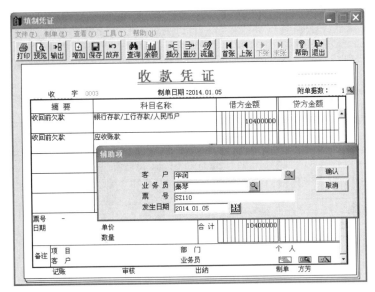

图 5-5 含客户往来核算项目的凭证填制

任务 1.6 处理总账日常业务－填制含部门核算科目的凭证

2014 年 1 月 6 日，办公室支付金座饭店业务招待费 3400 元，以银行存款支付（转账支票号 ZZ125）。

借：管理费用——业务招待费（660205） 3400
贷：银行存款——工行存款——人民币户（10020101） 3400

若凭证中含有部门核算科目，那么屏幕将提示用户输入"部门"信息，可输入代码或部门名称。

（1）单击"增加"按钮，系统自动增加一张空白收款凭证，在凭证左上角单击 按钮，选择凭证类型为"付"，输入日期 2014.01.06，附单据数 1。

（2）输入摘要"支付业务招待费"，借方科目名称 660205，弹出部门"辅助项"对话框，输入部门"办公室"，如图 5-6 所示。

（3）单击"确认"按钮，输入借方金额 3400，按回车键，摘要自动带到下一行。

（4）输入贷方科目名称 10020101，弹出"辅助项"对话框，输入结算方式、票号，单击"确认"按钮，输入贷方金额 3400。

（5）单击"保存"按钮，系统弹出提示信息"此支票尚未登记，是否登记"，单击"是"按钮，进行票号登记，单击"确定"按钮。

（6）单击"保存"按钮，系统弹出"凭证已成功保存"对话框，单击"确定"按钮。

（7）单击"退出"按钮返回。

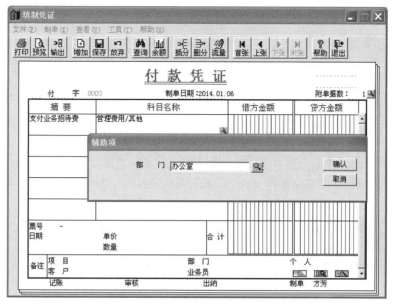

图 5-6　含部门核算项目的凭证填制

任务 1.7　处理固定资产日常业务－固定资产增减

2014 年 1 月 7 日，办公室购买扫描仪一台（类别编码：042），价值 2500 元，净残值率 5%，预计使用年限 5 年。以银行转账支票支付，票号 ZZ168。

 任务分析

固定资产子系统的日常业务处理主要完成固定资产的核算和管理工作，主要包括固定资产增加、固定资产减少、变动单处理、折旧处理、凭证处理、信息查询等内容。

企业通过购买或其他方式取得固定资产时要进行固定资产增加的处理，填制新的固定资产卡片。一方面要求对新增固定资产按经济用途或其他标准分类，并确定其原始价值。另一方面，要求办理交接手续，填制和审核有关凭证，作为固定资产核算的依据。"资产增加"操作也称"新卡片录入"，与"原始卡片录入"相对应。资产通过"原始卡片录入"还是通过"资产增加录入"，在于资产的开始使用日期，只有当开始使用日期的期间等于录入的期间时，才能通过"资产增加录入"。

固定资产的减少是指资产在使用过程中，由于报废、毁损、出售、盘亏等各种原因而减少。此时需进行固定资产减少的处理，输入固定资产减少记录，说明减少的固定资产、减少方式、减少原因等。

制作记账凭证即制单。固定资产系统和账务系统之间存在着数据的自动传输，该传输通过制作传送到账务的凭证实现。本系统需要制单或修改凭证的情况包括：资产增加（录入新卡片）、资产减少、卡片修改（涉及原值或累计折旧时）、资产评估（涉及原值或累计折旧变化时）、原值变动、累计折旧调整、折旧分配。

本系统制作的传送到总账管理系统的凭证的修改和删除只能在本系统完成，总账管理系统无权删除和修改本系统制作的凭证。

任务实施

（1）以会计方芳的身份进入用友 T3 主界面，登录日期为"2014-01-07"。

（2）执行"固定资产→卡片→资产增加"命令，打开"资产类别参照"对话框，选择资产类别"042 非生产经营用"。

（3）单击"确认"按钮，打开"固定资产卡片"新增窗口。输入固定资产名称"扫描仪"，双击"部门名称"选择"办公室"，双击"增加方式"选择"直接购入"，双击"使用状况"选择"在用"，输入可使用年限"5 年 0 月"，输入原值 2500，开始使用日期 2014-01-07，如图 5-7 所示。

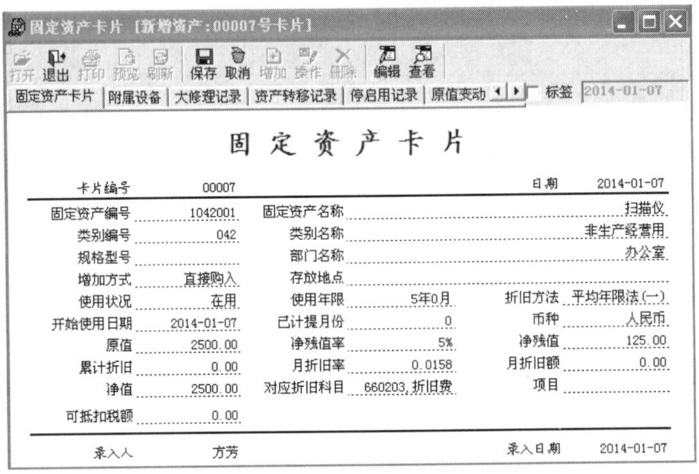

图 5-7　新增固定资产卡片

（4）单击"保存"按钮，系统自动弹出"填制凭证"窗口。

（5）附单据数输入 1，单击"保存"按钮，凭证左上角出现"已生成"标志，表示该凭证已自动传递到总账管理系统，如图 5-8 所示。

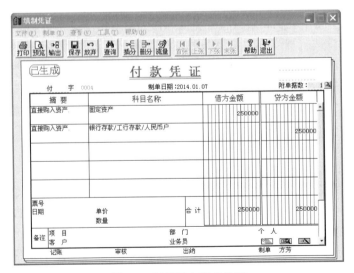

图 5-8　新增固定资产凭证

（6）单击"退出"按钮，系统弹出提示"数据成功保存！"对话框。单击"确定"按钮返回"固定资产卡片"新增窗口。

（7）单击"退出"按钮，系统弹出提示"是否保存数据"，单击"否"按钮返回。

 小贴士

（1）原值录入的一定要是卡片录入月月初的价值，否则将会出现计算错误。

（2）如果录入的累计折旧、累计工作量不是零，说明是旧资产，该累计折旧或累计工作量是在进入本企业前的值。

（3）已计提月份必须严格按照该资产在其他单位已经计提或估计已计提的月份数，不包括使用期间停用等不计提折旧的月份，否则不能正确计算折旧。

任务 1.8　处理固定资产日常业务－固定资产原值变动

2014 年 1 月 8 日，生产部为印花机增加零件 5000 元，以转账支票支付，票号为 ZZ180。

 **任务分析**

固定资产变动是指在日常管理过程中出现的原值变动、部门转移、使用状况变动、使用年限调整、折旧方法调整、净残值（率）调整、工作总量调整、累计折旧调整、资产类别调整、计提固定资产减值准备、转回固定资产减值准备、变动单管理等情况，需通过变动单进行处理。变动单是指在资产在使用过程中由于固定资产卡片上某些项目调整而编制的原始凭证。其他项目的修改，如名称、编号、自定义项目等的变动等可直接在卡片上进行。

资产在使用过程中，除发生下列情况外，原值不得任意变动：

（1）根据国家规定对固定资产重新估价；

（2）增加补充设备或改良设备；

（3）将固定资产的一部分拆除；

（4）根据实际价值调整原来的暂估价值；

（5）发现原记固定资产价值有误的。

原值变动包括原值增加和原值减少两部分，原值变动后需编制记账凭证。

 **任务实施**

（1）以会计方芳的身份进入用友 T3 主界面，登录日期为"2014-01-08"。

（2）执行"固定资产→卡片→变动单→原值增加"命令，打开"固定资产变动单"窗口。选择输入卡片编号 00002，输入增加金额 5000，输入变动原因"增加零件"，如图 5-9 所示。

（3）单击"保存"按钮，打开"填制凭证"窗口。

（4）填写修改相关项目，单击"保存"按钮，如图 5-10 所示。

（5）单击"退出"按钮，系统弹出"数据成功保存！"对话框。单击"确定"按钮返回"固定资产变动单"新增窗口。

（6）单击"退出"按钮返回。

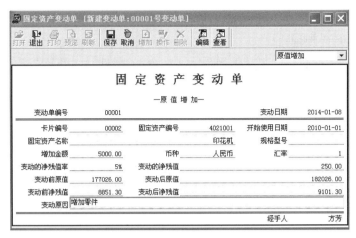

图 5-9 固定资产变动单－原值增加

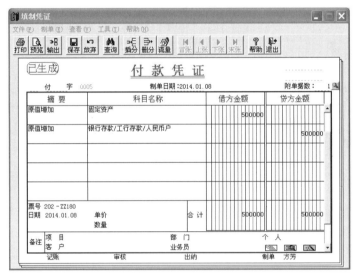

图 5-10 固定资产原值增加凭证

 小贴士

变动单不能修改，只有当月可删除重做，因此请仔细检查后再保存。

任务 1.9 处理固定资产日常业务－固定资产部门转移

2014 年 1 月 9 日，因业务需要，采购部的微机调拨到财务部使用。做完此业务，将 101 账套备份到 "E:\金泰制衣\上旬业务" 中。

 任务分析

固定资产的变动还有下面 4 种情况：

（1）部门转移：资产在使用过程中，因内部调配而发生的部门变动应及时处理，否则将影响部门的折旧计算。

（2）使用状况调整：资产使用状况分为在用、未使用和不需用等。资产在使用过程中，可能会因为某种原因，使得资产的使用状况发生变化，这种变化会影响到设备折旧的计算，因此应及时调整。

（3）使用年限调整：资产在使用过程中，资产的使用年限可能会由于资产的重估、大修等原因调整资产的使用年限，进行使用年限调整的资产在调整的当月就按调整后的使用年限计提折旧。

（4）资产折旧方法的调整：折旧方法调整的资产，调整的当月就按调整后的折旧方法计提折旧。

（1）以会计方芳的身份进入用友 T3 主界面，登录日期为"2014-01-09"。

（2）执行"固定资产→卡片→变动单→部门转移"命令，打开"固定资产变动单"窗口。

（3）选择卡片编号 0005，双击"变动后部门"选择"财务部"，输入变动原因"调拨"，如图 5-11 所示。

（4）单击"保存"按钮，系统弹出"数据成功保存！……"对话框，如图 5-12 所示。单击"确定"按钮，单击"退出"按钮返回。

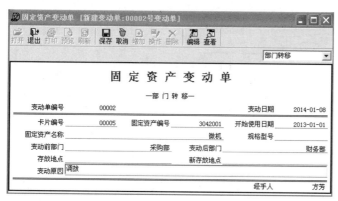

图 5-11　固定资产变动单——部门转移

图 5-12　部门转移成功提示

（5）退出用友 T3，登录系统管理，将 101 账套备份到"E:\金泰制衣\上旬业务"中。

（1）在资产增加、卡片修改（当涉及原值或累计折旧时）、资产评估、原值变动、累计折旧调整、折旧分配表、资产减少完成后，如果在选项中的对账设置了"立即制单"，则自动调出有一部分缺省内容的不完整凭证供您完成。如果在选项部分设置的是"不立即制单"，则可单击"处理"菜单选择"凭证"，屏幕显示有一部分缺省内容的不完整凭证。

（2）如果要删除已制作凭证的卡片、变动单、评估单，或重新计提、分配折旧，进行资产减少的恢复等操作，必须先删除相应的凭证，否则系统禁止这些操作。

（3）修改本系统的凭证时，能修改的内容仅限于摘要、由用户增加的分录、系统缺省的分录的折旧科目，系统缺省的分录的金额是与原始单据相关的，不能修改。

子项目二　处理中旬日常业务

任务 2.1　处理采购日常业务－填制并审核采购订单

2014 年 1 月 11 日，采购部樊阳向亚辉公司询问拉链价格（1 元/条），评估后认为该价格合理，随即向公司上级主管提出请购要求，请购数量为 4000 条。樊阳据此填写请购单。当日，上级主管部门同意订购拉链，要求到货日期为 2014 年 1 月 15 日之前。

采购业务处理包括采购入库业务、结算业务、采购退货业务等业务类型。企业可根据实际业务情况，对采购业务流程进行可选配置。此处主要以采购入库业务为例进行讲解。

采购入库是指企业通过购买的方式取得所需存货并且存货已验收入库的经济活动。按照货物和发票到达的先后顺序，可以将采购入库业务划分为单货同行、货到票未到（暂估业务）和票到货未到（在途存货）3 种类型。不同业务类型对应的处理方式有所不同。下面仅以单货同行这种最常见的采购入库业务为例来讲解采购入库的业务处理流程，如图 5-13 所示。

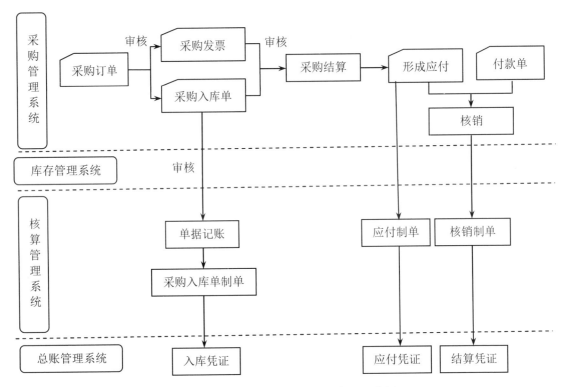

图 5-13　单货同行的采购入库业务处理流程

由图 5-13 可以看出，采购管理系统与其他管理系统的关系主要是：在采购管理系统中填制的采购入库单将在库存管理系统中进行审核确认，以证明入库单上的货物已经入库；在采购管理系统中填制的采购入库单将在核算系统中进行记账，以确认存货的入库成本，并生成入库凭证；在采购管理系统中填制的采购发票，在进行采购结算处理后，自动向供应商往来中记载应付款信息。

采购订单是企业与供应商之间签订的一种协议。主要包括采购什么货物、采购多少、由谁供货、什么时间到货、到货地点、运输方式、价格、运费等。

采购订单必须要审核，只有经过审核后，并且没有关闭的采购订单才可以生成入库单和发票。

采购订单进行单据流转，可以生成采购入库单、普通发票、专用发票、红字采购入库单、红字普通发票、红字专用发票。

此外，还可以根据采购订单联查相关联的采购入库单、采购发票，相关联是指采购入库单、采购发票在生成时，是参照采购订单并且建立了关联关系（在拷贝订单时，选中了"拷贝后执行所拷贝的订单"）生成的，或者是采购订单进行单据流转生成的。

（1）以会计张丽的身份进入用友 T3 主界面，登录日期为"2014-01-11"。

（2）执行"采购→采购订单"命令，打开"采购订单"对话框。单击"增加"按钮，选择供货单位"亚辉"，部门"采购部"，业务员"樊阳"，输入存货编号1002、数量4000、原币单价1，单击"保存"按钮，如图 5-14 所示。

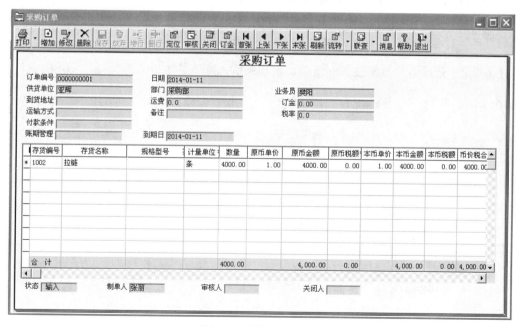

图 5-14　增加采购订单

（3）单击"退出"按钮，退出"采购订单"窗口。

（4）上级主管部门同意后，再次进入"采购订单"窗口，查找相应订单，单击"修改"按钮。

（5）修改"计划到货日期"为 2014-01-15，单击"保存"按钮，再单击"审核"按钮。订单底部显示审核人姓名，如图 5-15 所示，单击"退出"按钮。

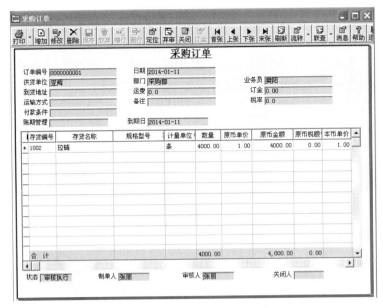

图 5-15　修改、审核采购订单

 小贴士

（1）审核过的订单不能修改，除非取消审核。

（2）采购"订单审核"没有数据修改功能，如果发现订单数据有错误的话，可以在输入"采购订单"功能中进行修改。修改后再回到本功能中对订单做审核标志。

任务 2.2　处理采购日常业务－填制、审核采购入库单并生成入库凭证

2014 年 1 月 15 日，采购部收到拉链 4000 条，验收入库，填制采购入库单，并制单记账。

 任务分析

采购入库单是根据采购到货签收的实收数量填制的单据。该单据按进出仓库方向划分为：蓝字采购入库单、红字采购入库单。采购入库单可以直接录入，也可以由采购订单或采购发票产生。此处建议采购入库单参照采购订单生成，这样能在订单与入库单之间建立关联。

采购入库单需要在库存管理系统中审核。采购入库单的审核表示确认存货已入库。只有审核后的采购入库单才能进行单据记账处理。

经过审核的采购入库单应及时登记存货明细账，并生成入库凭证反映到总账。

 任务实施

（1）以会计张丽的身份进入用友 T3 主界面，登录日期为"2014-01-15"。

（2）执行"采购→采购入库单"命令，打开"采购入库"窗口。单击"增加"按钮，在下拉列表中选择"采购入库单"，系统新增一张入库日期为 2014-01-15 的采购入库单，选择仓库"材料库"、入库类别"采购入库"、部门"采购部"、业务员"樊阳"、采购类型"生产采购"、

供货单位"亚辉"，选择"选单"下拉列表中的"采购订单"选项。

（3）打开"单据拷贝"对话框，填写查询条件：日期 2014-01-11－2014-01-11。单击"过滤"按钮，打开"订单列表"对话框。选择相应的采购订单，如图 5-16 所示。

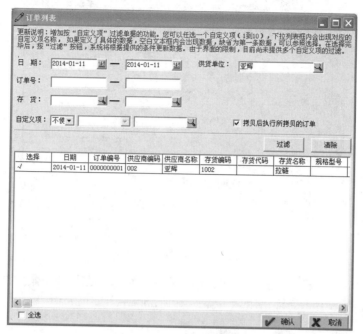

图 5-16　采购入库单——选择采购订单

（4）单击"确认"按钮，返回"采购入库单"窗口。单击"保存"按钮，再单击"退出"按钮。

（5）执行"库存→采购入库审核"命令，选择相应入库单，单击"审核"按钮，如图 5-17所示，单击"退出"按钮。

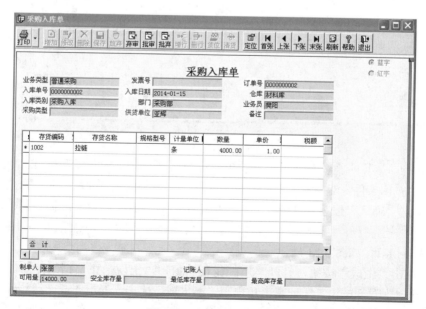

图 5-17　审核采购入库单

（6）执行"核算→核算→正常单据记账"命令，打开"正常单据记账条件"对话框，勾选"材料库"和"采购入库单"，如图 5-18 所示。

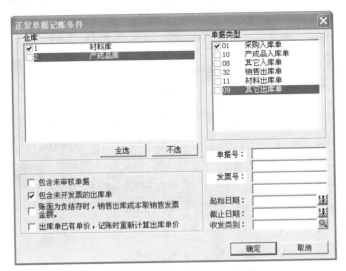

图 5-18 选择正常单据记账条件

（7）单击"确定"按钮，打开"正常单据记账"窗口，在需要记账的单据前的"选择"栏内划"√"，如图 5-19 所示。单击"记账"按钮，单击"退出"按钮。

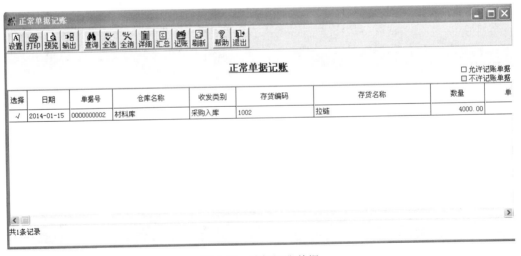

图 5-19 选择记账单据

（8）执行"核算→凭证→购销单据制单"命令，打开"生成凭证"窗口。单击"选择"按钮，打开"查询条件"对话框。选中"采购入库单（暂估记账）"复选框，如图 5-20 所示。

（9）单击"确认"按钮，打开"未生成凭证单据一览表"窗口。选择要制单的记录行，单击"确定"按钮，打开"生成凭证"窗口。选择凭证类别"转"，输入存货科目编码 140302、对方科目编码 1401，如图 5-21 所示。

（10）单击"生成"按钮，打开"填制凭证"窗口，出现一张根据采购入库单生成的转账凭证，单击"保存"按钮，凭证左上角出现"已生成"标志，表示凭证已经传递到总账管理系统，如图 5-22 所示。

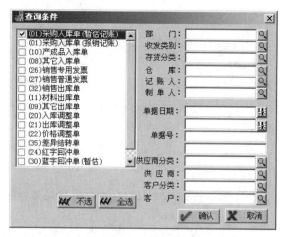

图 5-20 选择查询条件

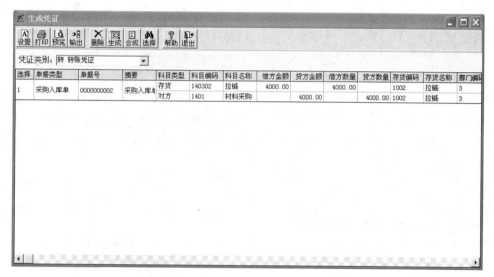

图 5-21 选择凭证类别、输入对方科目编码

图 5-22 根据采购入库单生成转账凭证

（11）单击"退出"按钮返回。

小贴士

（1）凡是审核过的采购入库单，本系统不能再修改。因此审核必须认真仔细。如果没有启用库存管理系统，并且企业管理要求不严格，那就可以不审核采购入库单。

（2）在采购入库单输入和采购结算时，如果发现采购入库单数据与实际入库不符或与手工填制的采购入库单不符，可以修改入库单据，但已审核、已结算或已记账的采购入库单不能修改。

任务 2.3　处理采购日常业务－填制并审核采购发票、进行采购结算

2014 年 1 月 15 日，采购部收到采购拉链 4000 条的专用发票一张，发票号 FP1122。采购部将采购发票交给财务部，财务部据此填制、审核采购发票并确定此业务涉及的应付款项。

**任务分析**

采购发票是供应商开给购货单位，据以付款、记账、纳税的依据，包括采购专用发票和采购普通发票。其中专用发票是指增值税专用发票，是一般纳税人销售货物或者提供应税劳务所开具的发票，发票上记载了销售货物的售价、税率以及税额等，购货方以增值税专用发票上记载的购入货物已支付的税额作为扣税和记账的依据。普通发票是指除了专用发票之外的发票或其他收购凭证。

如果某项采购业务的货物已先暂估入库，或先输入了采购入库单，那么可以根据该采购入库单产生采购发票，以便加快输入单据速度。

采购发票在复核后会形成应付账款。

采购结算也称采购报账，手工业务中，采购业务员拿着经主管领导审批过的采购发票和仓库确认的采购入库单到财务部门，由财务人员确认采购成本。采购结算从操作处理上分为自动结算和手工结算两种方式。自动结算是由计算机自动将相同供货单位的、相同数量存货的采购入库单和采购发票进行结算。当采购入库单和采购发票上的采购数量不一致时，就需要利用手工结算方式来结算了。采购结算的结果是采购结算单，它是记载采购入库单记录与采购发票记录对应关系的结算对照表。

任务实施

（1）执行"采购→采购发票"命令，打开"采购发票"对话框。单击"增加"下拉列表，选择"专用发票"选项。

（2）单击"选单"下拉列表，选择"采购入库单"选项，打开"单据拷贝"对话框。输入过滤日期 2014-01-15－2014-01-15，单击"过滤"按钮，打开"入库单列表"对话框。在相关单据前的"选择"栏划"√"，如图 5-23 所示。

（3）单击"确认"按钮，系统自动生成一张开票日期为 2014-01-15 的采购专用发票，输入发票号 FP1122、税率 17% 以及相关信息，单击"保存"按钮。

（4）对刚填制的采购发票进行审核，单击"复核"按钮，系统弹出"复核将发票登记应

付账款……是否只处理当前张？"对话框，单击"是"按钮，如图 5-24 所示。

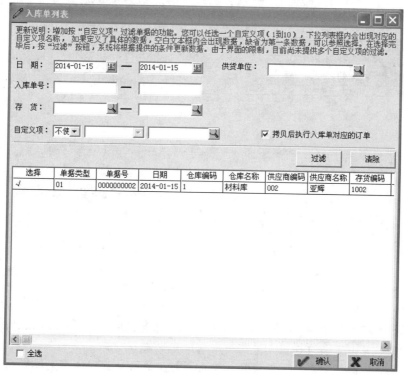

图 5-23 选择采购入库单

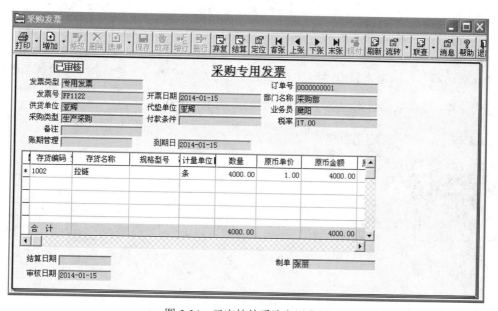

图 5-24 已审核的采购专用发票

（5）单击"结算"按钮，打开"自动结算"对话框，单击"确认"按钮，系统弹出"全部成功，共处理了[1]张单据"对话框。

（6）单击"确定"按钮，如图 5-25 所示，单击"退出"按钮。

图 5-25　已结算的采购专用发票

 小贴士

（1）采购发票可以直接填制，也可以通过复制采购订单、采购入库单或者其他发票生成。

（2）如果管理需要，还可通知审核人员对输入的发票或者经主管领导签字准予报销的发票进行审核确认。审核过的发票不能进行修改、删除。发票复核后，发现错误，则必须先取消复核。采购结算也可通过选择"采购→采购结算"命令完成。

（3）采购结算也可通过选择"采购→采购结算"命令完成。

（4）采购结算时，一定要有发票和入库单一起才能做结算。但手工结算可多张发票和多张入库单一起结算。

（5）已经结算过的采购入库单和采购发票不能再修改，由于某种原因需要修改或删除入库单、采购发票时，需先取消采购结算。

（6）采购货物与采购发票（普通发票）大多情况下不会同时收到，但不管两者在时间上相差多长时间，只要采购货物与采购发票（专用发票）都收到，就必须进行采购结算处理。

任务 2.4　处理采购日常业务－根据收到的采购发票制单

2014 年 1 月 15 日，财务部根据收到的发票制单。

 **任务分析**

采购结算后生成的应付款项应及时制单。

 **任务实施**

（1）执行"核算→凭证→供应商往来制单"命令，打开"供应商制单查询"对话框。

（2）选中"发票制单"前的方框，单击"确认"按钮，打开"供应商往来制单"窗口。

（3）选择需要制单的单据，在"凭证类别"下拉列表中选择"转账凭证"选项，如图 5-26所示。

（4）单击"制单"按钮，打开"填制凭证"窗口，出现一张根据专用发票生成的转账凭证。单击"保存"按钮，凭证左上角出现"已生成"标志，表示凭证已经传递到总账管理系统，如图 5-27 所示。

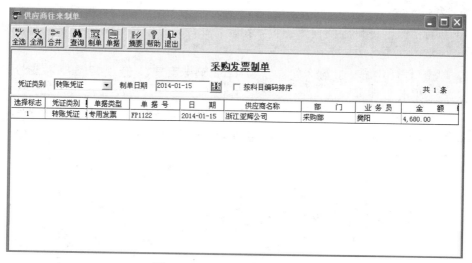

图 5-26　选择要制单的采购发票

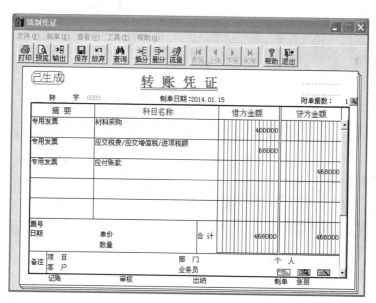

图 5-27　根据专用发票生成转账凭证

任务 2.5　处理采购日常业务－付款结算制单

2014 年 1 月 15 日，财务部开具转账支票一张，付清采购拉链货税款 12680 元，支票号 ZZ1122。

任务分析

输入付款单后可以进行付款核销及付款结算制单。

任务实施

（1）执行"采购→供应商往来→付款结算"命令，打开"付款单"窗口，选择供应商"亚辉"。

（2）单击"增加"按钮，输入结算方式"202 转账支票"、金额 12680、票据号 ZZ1122，单击"保存"按钮。

（3）单击"核销"按钮，系统调出要核算的单据，在相应的单据后的"本次结算"栏中输入结算金额 4680 和 8000，单击"保存"按钮，如图 5-28 所示，单击"退出"按钮。

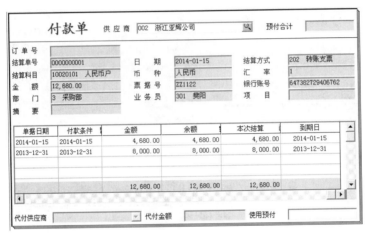

图 5-28　输入付款单并核销

（4）执行"核算→凭证→供应商往来制单"命令，打开"供应商制单查询"对话框。选中"核销制单"前的方框，单击"确认"按钮，打开"核销制单"窗口。选择"付款凭证"选项，选择相关单据，如图 5-29 所示。

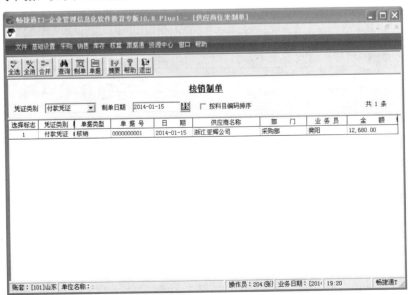

图 5-29　选择需要核销的单据

（5）单击"制单"按钮，打开"填制凭证"窗口，出现一张因核算生成的付款凭证。单击"保存"按钮，凭证左上角出现"已生成"标志，表示凭证已传递到总账管理系统，如图5-30所示。

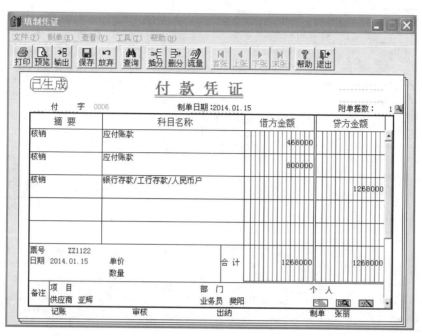

图 5-30　因核销生成的付款凭证

 小贴士

（1）企业必须先录入供应商的名称，才能进行付款结算。

（2）企业录入的付款单的日期必须大于已经结账日期，小于等于当前的业务日期。

（3）企业如果想要录入另一供应商的付款单，应重新选择供应商名称。

任务 2.6　处理销售日常业务－填制并审核销售订单

2014 年 1 月 16 日，宏立公司欲购买 800 件衬衣，向销售部咨询衬衣的价格，销售部报价为 155 元/件，填制报价单。该客户了解情况后，要求订购 800 件，发货日期为 2014 年 1 月19 日，填制并审核销售订单。

 **任务分析**

销售业务处理包括销售出库业务、销售退货业务和委托代销业务等业务类型。此处主要以销售出库业务为例进行讲解。

销售出库是指企业通过营销的方式卖出存货并且存货已验收出库的经济活动。企业的销售业务中主要包含两种处理模式：先发货后开票和开票直接发货业务。不同的业务模式，业务处理流程不同。下面仅以先发货后开票业务为例，讲解销售出库业务的处理流程，如图 5-31所示。

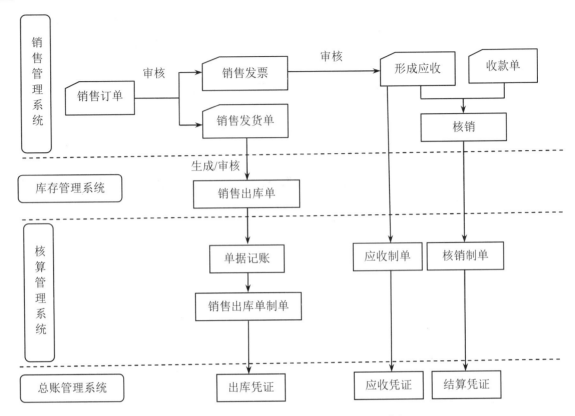

图 5-31　先发货后开票的销售业务处理流程

由图 5-31 可以看出，销售管理系统与其他管理系统的关系主要是：在销售管理系统中填制的销售发货单将在库存管理系统中进行审核确认，以证明发库单上的货物已经出库；在销售管理系统中填制的销售发货单将在核算系统中进行记账，以结转此业务的收入和存货的出库成本，并生成出库凭证；在销售管理系统中填制的销售发票，自动向客户往来中记载应收款信息。

销售订单是反映由购销双方确认的客户要货需求的单据。订单作为合同或协议的载体而存在，成为销售发货的日期、货物明细、价格、数量等事项的依据。企业根据销售订单组织货源，并对订单的执行进行管理、控制和追踪。在先发货后开票业务模式下，销售订单经过审核后，可以参照生成销售发货单和销售发票。

（1）以会计张丽身份进入用友 T3 主界面，登录日期为"2014-01-16"。

（2）执行"销售→销售订单"命令，打开"销售订单"窗口。

（3）单击"增加"按钮，打开一张订单日期为 2014-01-16 的销售订单，选择销售类型"批发"、客户名称"宏立"、销售部门"销售部"、业务员"秦琴"。选择货物名称"衬衣"，输入数量 800、报价 155、预发货日期 2014-01-19，单击"保存"按钮。

（4）单击"审核"按钮，出现"销售管理"提示对话框"是否只处理当前张？"按钮，单击"是"按钮，然后单击"确定"按钮，最终结果如图 5-32 所示，单击"退出"按钮返回。

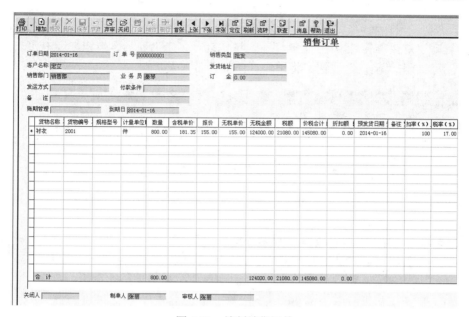

图 5-32 填制销售订单

 小贴士

（1）订单号：可输入字母和数字，不得为空和重复（如 X00001）。系统自动给出一个默认的编号，可修改。

（2）单价是否含税由是否勾选"□报价含税"前面的"□"来决定。执行"销售→销售业务范围控制→业务控制→□报价含税"命令，可以看出系统默认的单价是无税单价。

任务 2.7 处理销售日常业务－填制、审核销售发货单并生成出库凭证

2014 年 1 月 19 日，销售部从产成品仓库向宏立公司发出衬衣 800 件，并生成出库凭证，制单记账。

销售订单交期来临时，发货人员通常是按照客户销售订单的订单日期、所订的物料、数量、发货日期等要求进行发货。发货后系统自动更新库存。发货时，应在系统内填制"销售发货单"。

发货单是普通销售发货业务的执行载体。在先发货后开票业务模式下，发货单由销售部门根据销售订单产生，客户通过发货单取得货物的实物所有权。根据不同的模式，销售出库单的生成，可以在销售系统发货单审核时自动生成，或由库存系统调阅已审核的发货单生成。

经过审核的销售出库单应及时登记存货明细账，并生成出库凭证反映到总账。

（1）以会计张丽身份进入用友 T3 主界面，登录日期为"2014-01-19"。

（2）执行"销售→销售发货单"命令，打开"发货单"窗口。单击"增加"按钮，在下拉菜单中选择"发货单"，打开"选择订单"对话框。单击"显示"按钮，选中相关单据，如图 5-33 所示。单击"确认"按钮，将销售订单信息带入发货单。

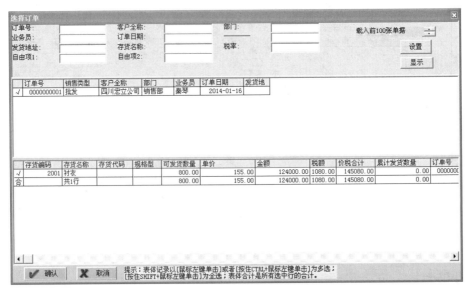

图 5-33　选择销售订单

（3）输入发货日期 2014-01-19，选择仓库"产成品库"。单击"保存"按钮，再单击"审核"按钮，系统弹出"……是否只处理当前张？"对话框。单击"是"按钮，系统弹出"……单据审核成功！"对话框。单击"确定"按钮，如图 5-34 所示。单击"退出"按钮。

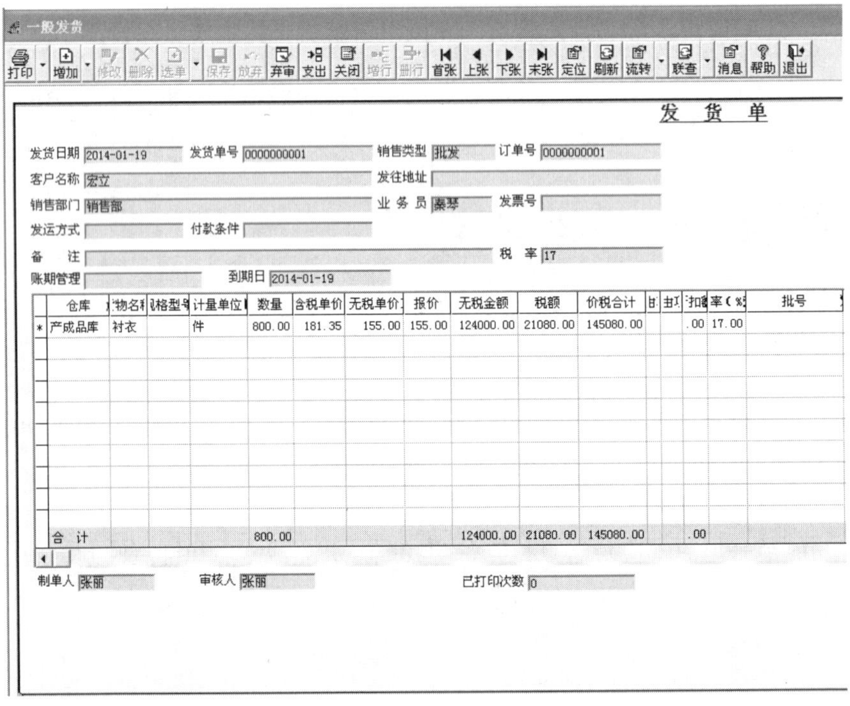

图 5-34　填制并审核销售发货单

（4）执行"库存→销售出库单生成/审核"命令，打开"销售出库单"窗口。单击"生成"按钮，再单击"刷新"按钮，输入出库日期2014-01-19，选择相应的发货单，如图5-35所示。

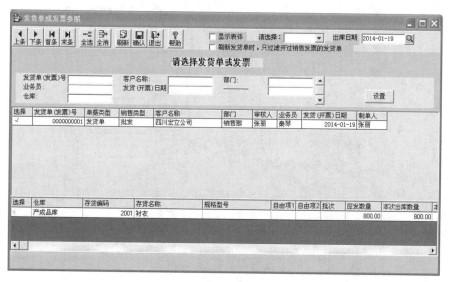

图5-35 选择销售发货单

（5）单击"确认"按钮，返回"销售出库单"窗口。再单击"审核"按钮，如图5-36所示。单击"退出"按钮。

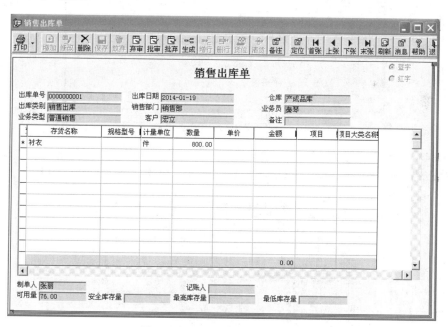

图5-36 生成并审核销售出库单

（6）执行"核算→核算→正常单据记账"命令，打开"正常单据记账条件"对话框。选中"产成品库"，选中"销售出库单"，如图5-37所示。

（7）单击"确定"按钮，打开"正常单据记账"窗口。在需要记账的单据前的"选择"栏单击，出现"√"标志，如图5-38所示。单击"记账"按钮，单击"退出"按钮。

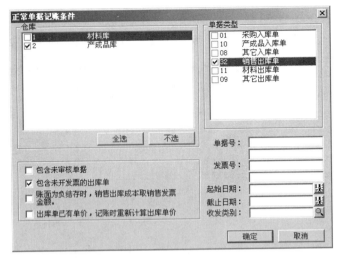

图 5-37   选择正常单据记账条件

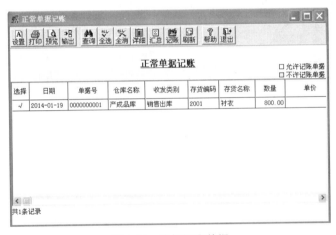

图 5-38   选择记账单据

（8）执行"核算→凭证→购销单据制单"命令，打开"生成凭证"窗口。单击"选择"按钮，打开"查询条件"对话框。选中"销售出库单"前的方框，如图 5-39 所示。

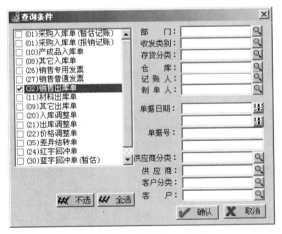

图 5-39   查询销售出库单

（9）单击"确认"按钮，打开"选择单据"窗口。单击需要生成凭证的单据前的"选择"栏，然后单击"确定"按钮，打开"生成凭证"窗口。选择凭证类别"转"，输入项目大类"01"，项目编码"101"，如图5-40所示。

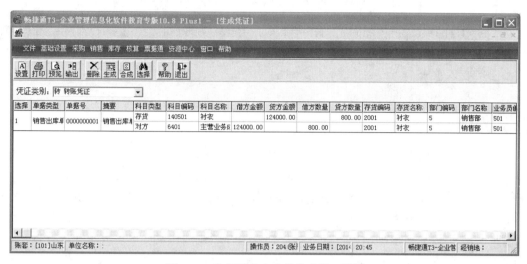

图5-40　选择销售出库单生成凭证类别

（10）单击"生成"按钮，出现一张根据销售出库单生成的转账凭证，单击"保存"按钮，凭证左上角显示"已生成"标志，表示凭证已经传递到总账管理系统，如图5-41所示。

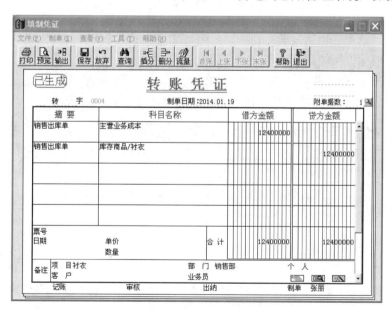

图5-41　根据销售出库单生成转账凭证

（11）单击"退出"按钮返回。

 小贴士

（1）系统自动给出一个默认的编号，可修改。在选项中有一个选项：是否自动编号，如果选择是，则系统按最大单据号加1的规则保存单据，如果选择否，重号时提请修改。

（2）用户输入货物后，系统自动将该货物的规格型号、计量单位、辅计量单位显示在屏幕上。如果这些项被选入屏幕格式的话，用户不能修改这些项目的内容。

任务 2.8　处理销售日常业务－填制并审核销售发票、根据销售发票制单

2014 年 1 月 19 日，销售部向宏立公司开具了此笔交易的专用销售发票一张，票号 FP1278，在销售管理系统中根据发货单填制并审核销售发票。销售部将销售发票交给财务部，财务部结转此业务的收入及成本。

销售开票是销售业务的重要环节，它是销售收入的确认、销售成本计算、应交销售税金确认和应收账款确认的依据。销售发票是指给客户开具的增值税专用发票、普通发票及其所附清单等原始销售票据，一般包括产品或服务的说明、客户名称地址，以及货物的名称、单价、数量、总价、税额等资料。

销售发票可以直接填制，也可以通过复制销售订单或销售发货单生成。在先发货后开票业务模式中，销售发票由销售部门参照销售发货单汇总生成。

销售发票经审核后形成应收账款。客户通过发票取得货物的实物所有权。

（1）执行"销售→销售发票"命令，打开"销售发票"窗口。

（2）在"增加"下拉列表中选择"专用发票"选项，在"选单"下拉列表中选择"发货单"选项，打开"选择发货单"对话框。单击"显示"按钮，选择相应的发货单，如图 5-42 所示。单击"确认"按钮，将发货单信息带入销售专用发票。

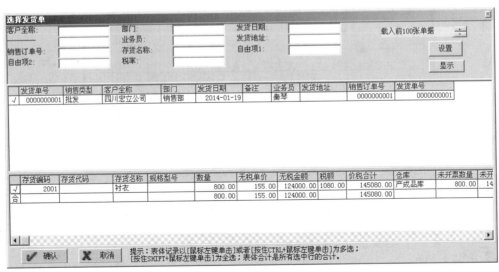

图 5-42　选择销售发货单

（3）在销售专用发票中输入开票日期 2014-01-19、发票号 FP1278，单击"保存"按钮。

（4）单击"复核"按钮，系统弹出"复核将发票写入应收账款……是否只处理当前张"提示对话框，单击"是"按钮，单击"确定"按钮，如图5-43所示。单击"退出"按钮。

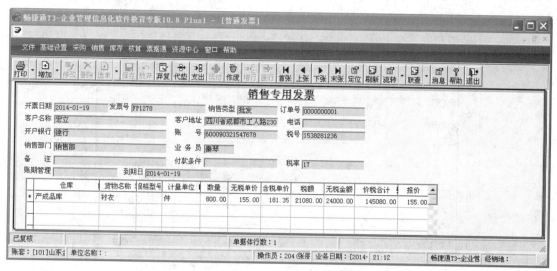

图5-43　填制并复核销售专用发票

（5）执行"核算→凭证→客户往来制单"命令，打开"客户制单查询"对话框。

（6）选中"发票制单"前的方框，单击"确认"按钮，打开"客户往来制单"窗口。

（7）选择凭证类别"转账凭证"，输入制单日期2014-01-19，单击工具栏中的"全选"按钮，选择窗口中的所有单据，如图5-44所示。

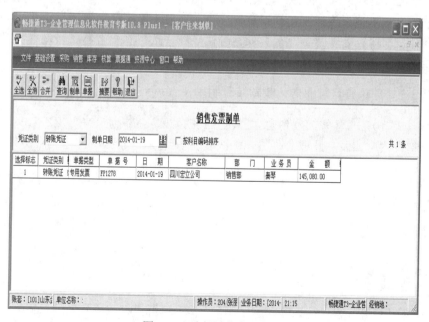

图5-44　选择销售发票制单

（8）单击"制单"按钮，出现一张根据销售发票生成的转账凭证。修改主营业务收入科目的核算项目为"衬衣"，单击"保存"按钮，凭证左上角显示"已生成"标志，表示凭证已经传递到总账管理系统，如图5-45所示，单击"退出"按钮。

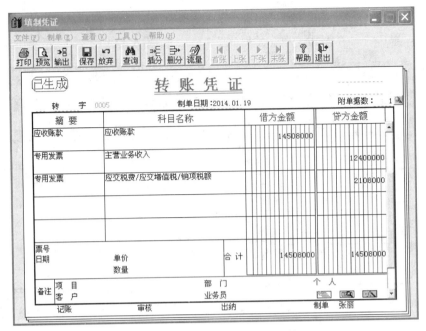

图 5-45　根据销售发票生成转账凭证

 小贴士

（1）只有小于系统业务日期的发货记录才能被参照出来。

（2）发货单的单据头及单据体记录选定后，单击"确定"按钮，回到销售发票主窗口，企业所选中的发货单记录将被复制到销售发票中。开票数量从发货单记录取得，可修改。其他项如客户全称、部门、业务员、付款条件、备注可以修改，客户名称（指简称）、销售类型、客户地址、开户银行、账号等项不能修改。

任务 2.9　处理销售日常业务－收款结算制单

2014 年 1 月 19 日，财务部收到宏立公司开具的转账支票一张，票号 ZZ1789，金额 145080元，据此填制收款单。做完此业务，将 101 账套备份到"E:\金泰制衣\中旬业务"中。

 **任务分析**

输入收款单后可以进行收款核销及收款结算制单。

 **任务实施**

（1）执行"销售→客户往来→收款结算"命令，打开"收款单"窗口，选择客户"宏立"。单击"增加"按钮，输入结算日期 2014-01-19、结算方式"202 转账支票"、票据号 ZZ1789、金额 145080，单击"保存"按钮。

（2）单击"核销"按钮，系统调出要核算的单据，在相应单据后的"本次结算"栏中输入金额 145080，单击"保存"按钮，如图 5-46 所示，单击"退出"按钮。

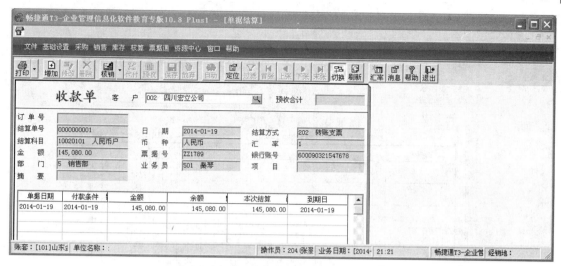

图 5-46 输入收款单并核销

（3）执行"核算→凭证→客户往来制单"命令，打开"客户制单查询"对话框。选中"核销制单"前的方框，如图 5-47 所示。

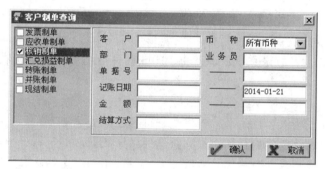

图 5-47 "客户制单查询"对话框

（4）单击"确认"按钮，打开"核销制单"窗口。确认凭证类别为"收款凭证"，单击"全选"按钮，如图 5-48 所示。

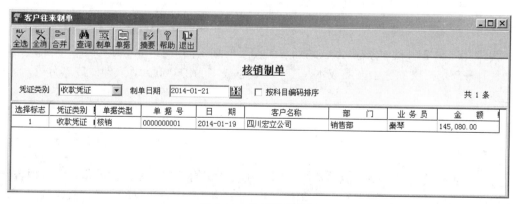

图 5-48 选择相关单据

（5）单击"制单"按钮，出现一张根据收款单生成的转账凭证。单击"保存"按钮，凭证左上角显示"已生成"标志，表示凭证已经传递到总账管理系统，如图 5-49 所示。单击"退出"按钮返回。

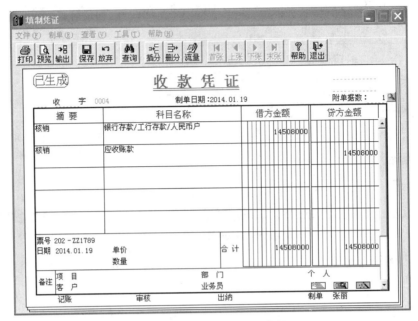

图 5-49　根据收款单生成收款凭证

（6）退出用友 T3，登录系统管理，将 101 账套备份到"E:\金泰制衣\中旬业务"中。

小贴士

（1）企业必须先输入客户的名称，才能进行相应的处理。
（2）企业录入的收款单的日期必须大于已经结账日期，小于等于当前的业务日期。
（3）如果企业想要录入另一客户的收款单或付款单，则应重新选择客户名称。

子项目三　处理下旬日常业务

任务 3.1　处理库存管理系统日常业务－产成品入库业务

2014 年 1 月 21 日，产成品库收到当月生产车间加工的卫衣 200 件，做成产成品入库。随后收到财务部门提供的完工产品成本，其中卫衣总成本为 16000 元，立即做成本分配，记账生成凭证。

任务分析

存货是企业的一项重要的流动资产。库存管理系统的日常业务包括采购入库、销售出库、产成品入库、材料出库、其他入库、其他出库、限额领料、调拨、盘点、组装、拆卸、形态转换、失效日期维护等。其中最主要的日常业务有六个：采购入库、销售出库、产成品入库、材料出库、其他入库、其他出库。对应的最常用的六种出入库单据是采购入库单、销售出库单、产成品入库单、材料出库单、其他入库单、其他出库单。

库存管理系统与采购管理、销售管理、存货核算系统等有紧密的联系，可以协同工作。如图 5-50 所示。

（1）对采购系统提供的采购入库单进行审核确认。

（2）对销售系统根据发货单、发票生成的销售出库单，进行审核确认。

（3）为存货核算系统提供各种出入库单据。

（4）为销售系统提供存货的详细存贮信息，可提供各仓库各存货各批次各自由项的结存情况。

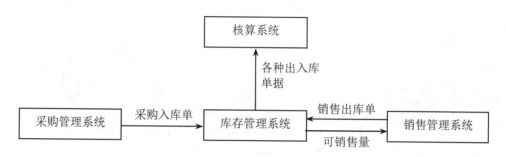

图 5-50 库存管理系统与各系统的关系

由于此前已经有采购入库业务和销售出库业务发生，只不过采购系统生成的采购入库单和销售管理系统生成的销售出库单都要在库存管理系统中审核确认。因此此处重点介绍产成品入库业务，材料出库业务在任务 5.20 中会出现。

工业企业对原材料及半成品进行一系列的加工后，形成可销售的产品，然后验收入库。验收入库时需要填制产成品入库单。产成品入库单是工业企业入库单据的主要部分。由于产成品在入库时无法确定产品的总成本和单位成本，因此填制产成品入库单时，一般只有数量，没有单价。产成品入库业务处理流程如图 5-51 所示。

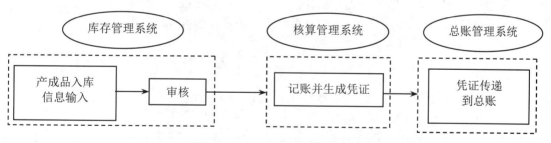

图 5-51 产成品入库业务处理流程

（1）以会计张丽的身份进入用友 T3 主界面，登录日期为"2014-01-21"。

（2）执行"库存→产成品入库单"命令，打开"产成品入库单"窗口。单击"增加"按钮，出现一张入库日期为 2014-01-21 的产成品入库单，选择入库类别"产成品入库"，选择仓库"产成品库"、部门"生产车间"，选择产品名称"卫衣"，输入数量 200，单击"保存"按钮。然后单击"审核"按钮，完成对该单据的审核，如图 5-52 所示。单击"退出"按钮。

图 5-52　输入产成品入库单

（3）执行"核算→核算→产成品成本分配"命令，打开"产成品成本分配表"窗口，单击"查询"按钮，打开"产成品成本分配表查询"对话框，选择"产成品库"，如图 5-53 所示。

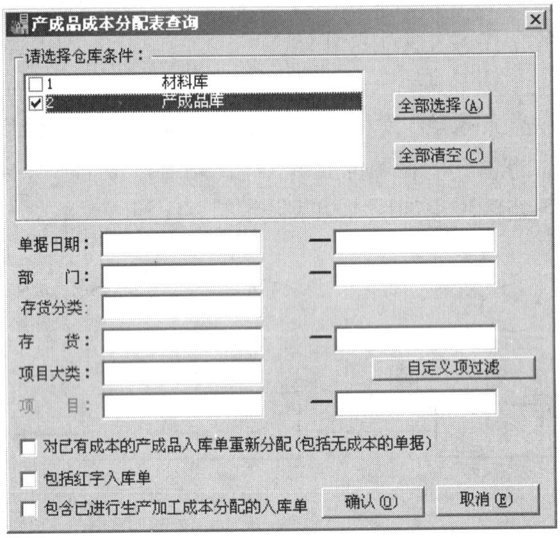

图 5-53　"产成品成本分配表查询"对话框

（4）单击"确认"按钮，符合条件的记录显示在"需要分配的产成品单据选择"窗口中。在需要分配的产成品单据前的"选择"栏内打勾，如图 5-54 所示。

（5）单击"确定"按钮，符合条件的记录显示在"产成品成本分配表"中。在"卫衣"记录行"金额"栏输入 16000，如图 5-55 所示。

（6）单击"分配"按钮，系统弹出提示"分配操作顺利完成！"对话框，单击"确定"按钮。单击"退出"按钮。

（7）执行"核算→产成品入库单"命令，打开"产成品入库单"窗口，查看入库存货单价，如图 5-56 所示。

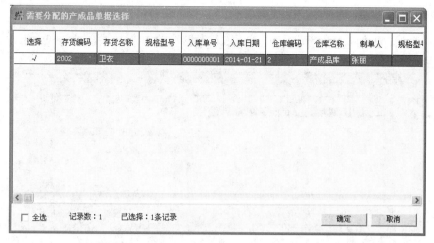

图 5-54 选择产成品成本分配单据

图 5-55 产成品成本分配表

图 5-56 查看产成品成本

（8）单击"退出"按钮。执行"核算→核算→正常单据记账"命令，打开"正常单据记账条件"窗口，选中"产成品库"和"产成品入库单"前的方框，如图 5-57 所示。

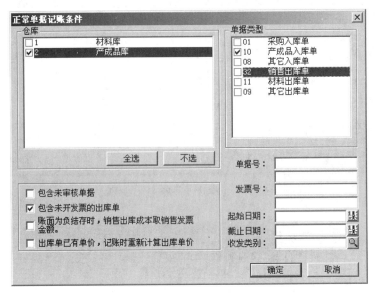

图 5-57　"正常单据记账条件"窗口

（9）单击"确定"按钮。在需要记账的记录行前的"选择"栏内打勾，单击"记账"按钮，单击"退出"按钮。

（10）执行"核算→凭证→购销单据制单"命令，打开"生成凭证"窗口，单击"选择"按钮，打开"查询条件"对话框。选中"产成品入库单"前的方框，单击"确认"按钮，打开"选择单据"窗口。在需要生成凭证的单据前的"选择"栏内单击，出现 1，如图 5-58 所示。

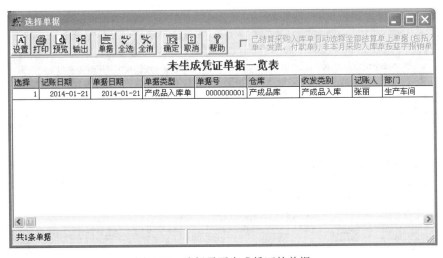

图 5-58　选择需要生成凭证的单据

（11）单击"确定"按钮，打开"生成凭证"窗口。选择凭证类别"转"，输入项目大类"01"，项目名称"102"，单击"生成"按钮，再单击"保存"按钮，如图 5-59 所示。

（12）单击"退出"按钮返回。

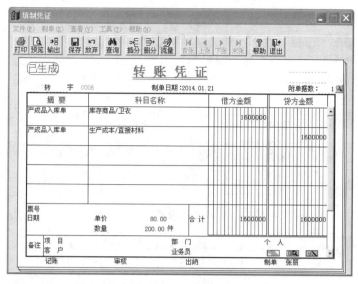

图 5-59　根据产成品入库单生成入库凭证

 小贴士

（1）只有工业企业才有产成品入库单，商业企业没有此单据。

（2）产成品入库单上无须填写单价，待产成品成本分配后会自动写入。

任务 3.2　处理库存管理系统日常业务－材料出库业务

2014 年 1 月 25 日，生产车间从原材料库领用拉链 1000 条，单价 1 元，用于生产衬衣。记材料明细账，生成领料凭证。

 任务分析

工业企业在生产半成品和产成品的过程中要领用材料，材料出库时需要填制材料出库单。材料出库单是工业企业出库单据的主要部分。材料领用出库业务处理流程如图 5-60 所示。

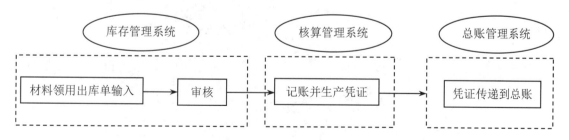

图 5-60　材料领用出库业务处理流程

 任务实施

（1）以会计张丽的身份进入用友 T3 主界面，登录日期为"2014-01-25"。

（2）执行"库存→材料出库单"命令，打开"材料出库单"窗口。

（3）单击"增加"按钮，出现一张出库日期为 2014-01-25 的材料出库单，选择仓库"材料库"、部门"生产车间"、出库类别"材料领用出库"。选择材料编码 1002、输入数量 1000、单价 1，单击"保存"按钮，单击"审核"按钮，如图 5-61 所示。单击"退出"按钮。

图 5-61　输入材料出库单

（4）执行"核算→核算→正常单据记账"命令，打开"正常单据记账条件"窗口，选中"材料库"和"材料出库单"前的方框，如图 5-62 所示。

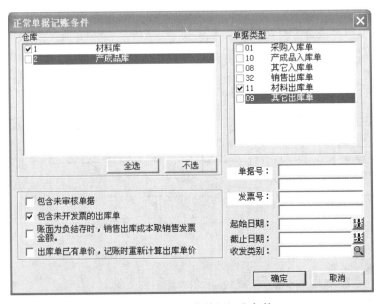

图 5-62　选择正常单据记账条件

（5）单击"确定"按钮，打开"正常单据记账"窗口，在需要记账的记录行前的"选择"栏内打勾，如图5-63所示。单击"记账"按钮，单击"退出"按钮返回。

图5-63　选择正常单据记账

（6）执行"核算→凭证→购销单据制单"命令，打开"生成凭证"窗口，单击"选择"按钮，打开"查询条件"对话框，选中"材料出库单"前的方框，如图5-64所示。

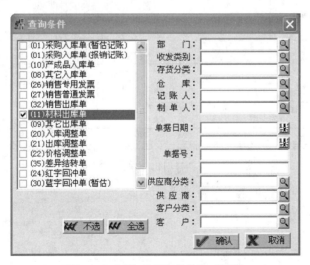

图5-64　制单"查询条件"对话框

（7）单击"确认"按钮，打开"选择单据"窗口。单击需要生成凭证的单据前的"选择"栏，出现1，如图5-65所示。

（8）单击"确定"按钮，打开"生成凭证"窗口。选择凭证类别"转"，选择项目大类"01"，项目编码"101"，单击"生成"按钮，再单击"保存"按钮，如图5-66所示。

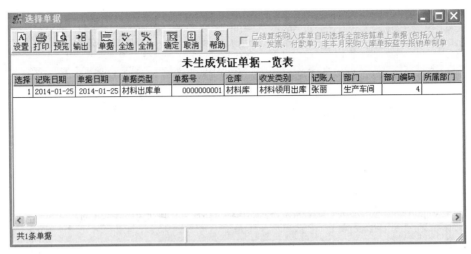

图 5-65　选择需要制单的单据

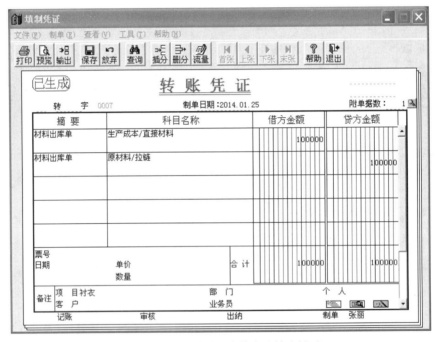

图 5-66　根据材料出库单生成转账凭证

（9）单击"退出"按钮返回。

 小贴士

（1）只有工业企业才有材料领用出库单，商业企业没有此单据。

（2）数量必须输入，单价、金额可输可不输，数量、单价、金额三项中输入两项，系统自动计算出第三项。

任务 3.3　处理工资日常业务－录入本月基本工资数据

2014 年 1 月 31 日，以工资类别主管方芳的身份录入本月职工基本工资数据，见表 5-1。

表 5-1　职工基本工资数据

姓名	基本工资/元	奖金/元	请假天数
刘扬	10000	1000	
张磊	7000	800	
李艳	3500	200	2
方芳	4000	250	
张丽	4500	300	
樊阳	3000	500	2
王丽	5000	400	
王凡	2000	500	1
秦琴	3000	500	

任务分析

　　工资管理系统经过一系列初始化工作之后，便可进行日常应用阶段。这一阶段的主要工作包括录入职工工资数据、扣缴个人所得税、进行工资费用分摊、生成银行代发工资数据、工资数据查询等。

　　工资数据录入包括基本工资数据的录入和变动工资数据的录入。

　　基本工资数据录入一般只需录入没有进行公式定义的项目，如基本工资、奖励工资、请假天数等，其余各项由系统根据计算公式自动计算生成。在对工资项目中的某个或几个项目进行修改时，可将要修改的项目过滤出来。例如，只对基本工资、奖金这两个项目数据进行录入，可单独将这两个项目过滤出来。对于常用的过滤项目，可以在项目过滤选择后，输入一个名称进行保存，以后可通过过滤项目名称调用，不用时也可删除。

　　在修改了某些数据、重新设置了计算公式、进行了数据替换或在个人所得税中执行了自动扣税等操作，最好调用重算功能对个人工资数据重新计算，以保证数据正确。通常实发合计、应发合计、扣款合计在修改完数据后不自动计算合计项。如要检查合计项是否正确，可先执行重算工资，如果不执行重算工资，在退出工资变动时，系统会自动提示重新计算。

　　若对工资数据的内容进行了变更，在执行了重算工资后，为保证数据的准确性，可调用汇总功能对工资数据进行重新汇总。在退出工资变动时，如未执行"工资汇总"，系统会自动提示进行汇总操作。

任务实施

　　（1）以工资类别主管方芳的身份进入用友 T3 主界面，登录日期为"2014-01-31"。

　　（2）执行"工资→业务处理→工资变动"命令，打开"工资变动"窗口。

　　（3）在"过滤器"下拉列表框中选择的"过滤设置"选项，打开"项目过滤"对话框。

　　（4）将"工资项目"列表框中的"基本工资""奖金""请假天数"选项分别单击">"按钮，将它们移入"已选项目"列表框中，如图 5-67 所示。

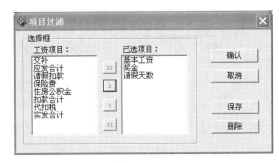

图 5-67　设置项目过滤

（5）单击"确认"按钮，返回"工资变动"窗口，按照表中数据输入工资，如图 5-68 所示。

人员编号	姓名	部门	人员类别	基本工资	奖金	请假天数
101	刘杨	办公室	企业管理人员	10,000.00	1,000.00	
201	张磊	财务部	企业管理人员	7,000.00	800.00	
202	李艳	财务部	企业管理人员	3,500.00	200.00	2.00
203	方芳	财务部	企业管理人员	4,000.00	250.00	
204	张丽	财务部	企业管理人员	4,500.00	300.00	
301	樊阳	采购部	经营人员	3,000.00	500.00	2.00
401	王丽	生产车间	车间管理人员	5,000.00	400.00	
402	王凡	生产车间	生产工人	2,000.00	500.00	1.00
501	秦琴	销售部	经营人员	3,000.00	500.00	

图 5-68　输入基本工资数据

（6）右击，选择"重新计算"，单击界面上方"汇总"按钮。

（7）单击"退出"按钮。

 **小贴士**

（1）如果企业选择了在工资中代扣个人所得税，则在数据录入的过程中，系统自动进行扣税计算。

（2）如果对部分人员的工资数据进行修改，最好采用数据过滤的方法，先将所要修改的人员过滤出来，然后进行工资数据修改。修改完毕后点击"重新计算"和"汇总"功能，这样可大大提高计算速度。

任务 3.4　处理工资日常业务－录入本月变动工资数据

因去年销售部业绩较好，本月销售部每人增加奖金 800 元。

任务分析

除了常规基本工资数据的录入，还存在变动工资数据的录入。例如，由于每一个员工都很努力，公司本月效益提高，奖金就会有所增加，这时奖金出现变动。一般情况下采用替换按钮，将符合条件的人员的某个工资项目数据统一替换成另外一个数据。

任务实施

（1）执行"工资→业务处理→工资变动"命令，打开"工资变动"窗口。

（2）单击工具栏中的"替换"按钮，打开"工资项数据替换"对话框，单击"将工资项目"下拉列表框，选择"奖金"选项。在"替换成"文本框中，输入"奖金+800"。在"替换条件"处分别选择："部门""=""销售部"，如图 5-69 所示。

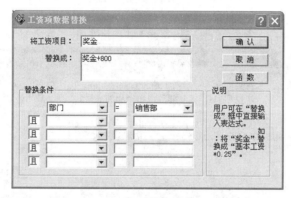

图 5-69 "工资项数据替换"对话框

（3）单击"确认"按钮，弹出"数据替换后将不可恢复。是否继续？"提示框。单击"是"按钮，系统弹出"1 条记录被替换，是否重新计算？"信息，单击"是"按钮，系统自动完成工资计算。

（4）单击"汇总"按钮，对工资进行汇总计算。单击"退出"按钮返回。

任务 3.5 处理工资日常业务－扣缴个人所得税

企业代扣个人所得税，所得税纳税基数是 3500，附加费用是 1300。

任务分析

工资管理系统有个人所得税自动计算功能，用户只需自定义所得税税率，系统就会自动算出个人所得税。这样既减轻了管理人员的工作负担，又提高了工作效率。系统目前已按照国家规定，设置所得税纳税基数为 3500 元，附加费用为 1300 元。

任务实施

（1）执行"工资→业务处理→扣缴所得税"命令，打开"栏目选择"窗口。所得项目为"工资"，对应工资项目选"扣税基数"，如图 5-70 所示。

（2）单击"确认"按钮，系统弹出"是否重算数据？"提示信息，单击"是"按钮，打开"个人所得税扣缴申报表"，如图 5-71 所示。

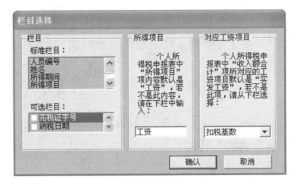

图 5-70　"栏目选择"窗口

图 5-71　个人所得税扣缴申报表

（3）单击"税率"按钮，打开"个人所得税申报表——税率表"对话框，系统默认的基数是 3500，附加减除费用是 1300，不用调整，如图 5-72 所示。

图 5-72　个人所得税申报表——税率表

（4）单击"确认"按钮。系统弹出"调整税率表后，个人所得税需重新计算，是否重新计算个人所得税？"提示信息，单击"是"按钮，回到"个人所得税扣缴申报表"，单击"退出"按钮返回。

（5）执行"工资→业务处理→工资变动"命令，打开"工资变动"窗口。右击"重新计算"，再单击"汇总"按钮，出现新的工资变动表，如图 5-73 所示。

人员编号	姓名	部门	人员类别	基本工资	奖金	交补	应发合计	请假扣款	保险费	住房公积金
101	刘杨	办公室	企业管理人员	10,000.00	1,000.00	500.00	11,500.00		920.00	1,380.00
201	张磊	财务部	企业管理人员	7,000.00	800.00	500.00	8,300.00		664.00	996.00
202	李艳	财务部	企业管理人员	3,500.00	200.00	500.00	4,200.00	160.00	336.00	504.00
203	方芳	财务部	企业管理人员	4,000.00	250.00	500.00	4,750.00		380.00	570.00
204	张丽	财务部	企业管理人员	4,500.00	300.00	500.00	5,300.00		424.00	636.00
301	樊阳	采购部	经营人员	3,000.00	500.00	500.00	3,800.00	160.00	304.00	456.00
401	王丽	生产车间	车间管理人员	5,000.00	400.00	500.00	5,900.00		472.00	708.00
402	王凡	生产车间	生产工人	2,000.00	500.00	300.00	2,800.00	80.00	224.00	336.00
501	秦琴	销售部	经营人员	3,000.00	1,300.00	300.00	4,600.00		368.00	552.00

当前月份：1 月　总人数：9　当前人数：9

图 5-73　个人所得税申报表—变动表

（6）单击"退出"按钮返回。

小贴士

若在个人所得税功能中修改了"税率表"或重新选择了"收入额合计项"，则在退出个人所得税功能后，需要到数据变动功能中执行重新计算功能，否则系统将保留修改个人所得税前的数据状态。

任务 3.6　处理工资日常业务－分摊工资费用

2014 年 1 月 31 日，金泰制衣进行 2014 年 1 月份生产"卫衣"的工资费用分摊，其中应付工资总额等于工资项目"实发合计"，应付福利费也以"实发合计"为计提基数。工资费用分配的转账分录见表 5-2。

表 5-2　工资费用分摊

部门	工资分摊	应付工资		应付福利费（14%）	
		借方	贷方	借方	贷方
办公室、财务部	企业管理人员	660201	221101	660202	221102
采购部、销售部	经营人员	660101	221101	660102	221102
生产车间	车间管理人员	510101	221101	510102	221102
	生产工人	500102	221101	500102	221102

工资费用是单位最主要费用之一，月末企业财务部门根据工资费用分配表，将工资费用根据用途进行计算、分配并进行各种经费的计提，编制工资转账记账凭证，供登账处理之用。工资分摊主要包括以下工作：

（1）设置工资总额和计提基数；

（2）进行工资费用分配；

（3）设置自定义分摊与计提。

工资费用分摊具体任务实施包括下面 3 个步骤：

（1）设置工资分摊类型；

（2）分摊工资费用；

（3）生成凭证。

1．设置工资分摊类型

（1）执行"工资→业务处理→工资分摊"命令，打开"工资分摊"对话框。

（2）单击"工资分摊设置"按钮，打开"分摊类型设置"对话框。

（3）单击"增加"按钮，打开"分摊计提比例设置"对话框。输入计提类型名称"应付工资"，分摊计提比例"100%"。

（4）单击"下一步"按钮，打开"分摊构成设置"对话框。根据表中提供的资料选择输入"部门名称"、"人员类别"、"项目"、应付工资的"借方科目"和"贷方科目"等数据，如图 5-74 所示。

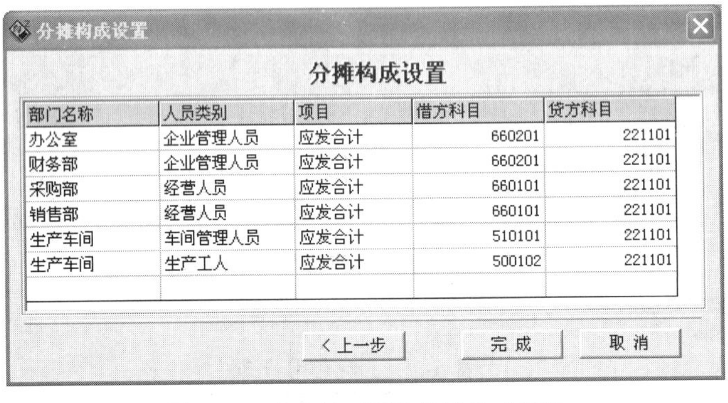

分摊构成设置

部门名称	人员类别	项目	借方科目	贷方科目
办公室	企业管理人员	应发合计	660201	221101
财务部	企业管理人员	应发合计	660201	221101
采购部	经营人员	应发合计	660101	221101
销售部	经营人员	应发合计	660101	221101
生产车间	车间管理人员	应发合计	510101	221101
生产车间	生产工人	应发合计	500102	221101

〈上一步　　完　成　　取　消

图 5-74　"应付工资"分摊构成设置

（5）单击"完成"按钮，返回"分摊类型设置"窗口，单击"增加"按钮，打开"分摊计提比例设置"对话框，输入计提类型名称"应付福利费"，分摊计提比例"14%"。

（6）单击"下一步"按钮，打开"分摊构成设置"对话框。根据表中提供的资料选择输入"部门名称"、"人员类别"、"项目"、应付福利费的"借方科目"和"贷方科目"等数据，如图 5-75 所示。

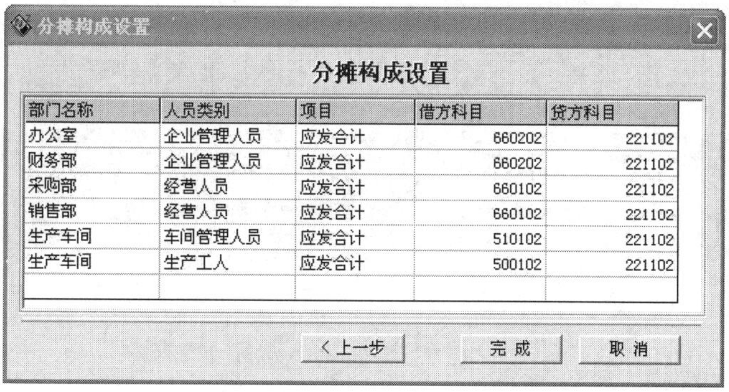

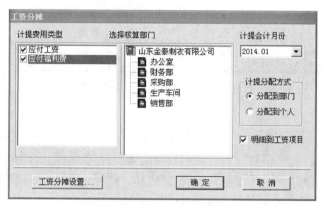

图 5-75　"应付福利费"分摊构成设置

（7）单击"完成"按钮，再单击"返回"按钮回到"工资分摊"对话框。

2．分摊工资费用

（1）在"工资分摊"对话框中，在计提费用类型"应付工资"和"应付福利费"前方框内划"√"，单击选择所有核算部门，单击选择明细到工资项目。如图 5-76 所示。

图 5-76　工资分摊选择

（2）单击"确定"按钮，打开"应付工资一览表"窗口，如图 5-77 所示。

图 5-77　"应付工资一览表"窗口

（3）在"类型"下拉菜单中选择"应付福利费"，打开"应付福利费一览表"窗口，如图 5-78 所示。

图 5-78 "应付福利费一览表"窗口

3. 生成凭证

（1）在"应付工资一览表"中，单击选择"合并科目相同、辅助项相同的分录"。

（2）单击"制单"按钮，打开"填制凭证"窗口。选择凭证类型"转账凭证"，输入附单据数 1，输入核算科目项目"卫衣"，单击"保存"按钮，凭证左上角出现"已生成"标志，表示该凭证已传递到总账管理系统，如图 5-79 所示。

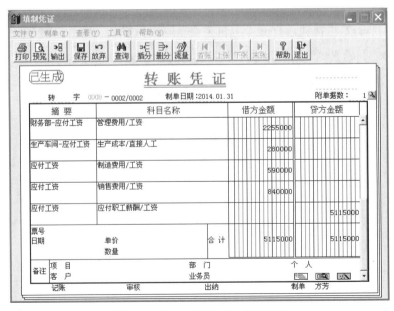

图 5-79 应付工资分摊生成的凭证

（3）单击"退出"按钮。同理，生成分摊应付福利费的凭证，如图 5-80 所示。

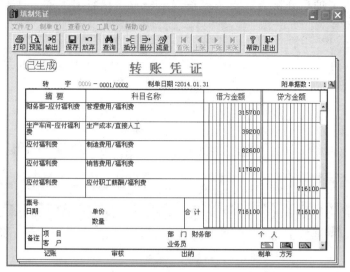

图 5-80 应付福利费分摊生成的凭证

（4）单击"退出"按钮返回。

 小贴士

（1）如选中"制单时合并科目相同、辅助项相同的分录"，则制单时，按相同科目合并分录。

（2）单击"制单"按钮，则生成当前所选择的一种"分摊类型"所对应的一张凭证。

（3）单击"批制"按钮，即批量制单，可一次将所有本次参与分摊的"分摊类型"所对应的凭证全部生成。

（4）通过工资管理系统传输到总账管理系统的凭证，可以通过凭证查询来修改、删除和冲销等。

任务 3.7　处理工资日常业务－查询工资报表

2014 年 1 月 31 日，方芳查询部门工资汇总表和工资分析表。

 **任务分析**

工资管理系统提供了工资报表管理功能，工资报表管理中包括工资表、工资分析表两个报表账夹，通过这两个账夹来实现对工资数据的查询统计等管理操作。

1．工资表

工资表包括工资发放签名表、工资发放条、工资卡、部门工资汇总表、人员类别工资汇总表等，由系统提供的原始工资表生成。主要用于本月工资发放和统计，工资表可以进行修改和重建。

2．工资分析表

工资分析表是以工资数据为基础，对部门、人员类别的工资数据进行比较、分析，产生各种分析表，以供管理人员使用。工资分析表包括：分部门各月工资构成分析表、分类统计表、分部门工资项目分析表、工资增长情况分析表、职工工资汇总表、职工工资项目分析表等。

（1）执行"工资→统计分析→账表→工资表"命令，打开"工资表"对话框。

（2）选择"部门工资汇总表"，单击"查看"按钮。

（3）选择所有部门，单击"确定"按钮，打开"部门工资汇总表"，如图 5-81 所示。

畅捷通T3-企业管理信息化软件教育专版10.8 Plus1 - [部门工资汇总表-(工资类别：山东金泰制衣有限公司)]

文件 基础设置 总账 工资 固定资产 票据通 资源中心 窗口 帮助

打印 预览 输出 设置 级次 帮助 退出

部门工资汇总表
2014 年 01 月

会计月份：一月

部门	人数	基本工资	奖金	交补	应发合计	请假扣款	保险费	住房公积金	扣款合计	代扣税	实发合计	请假天数	扣税基数
办公室	1	10,000.00	1,000.00	500.00	11,500.00		800.00	1,200.00	3,045.00	1,045.00	8,455.00		11,500.00
财务部	4	19,000.00	1,550.00	2,000.00	22,550.00	160.00	1,520.00	2,280.00	4,498.50	538.50	18,051.50	2.00	22,550.00
采购部	1	3,000.00	500.00	300.00	3,800.00	160.00	240.00	360.00	769.00	9.00	3,031.00	2.00	3,800.00
生产车间	2	7,000.00	900.00	800.00	8,700.00	80.00	560.00	840.00	1,615.00	135.00	7,085.00	1.00	8,700.00
销售部	1	3,000.00	1,300.00	300.00	4,600.00		240.00	360.00	633.00	33.00	3,967.00		4,600.00
合计	9	42,000.00	5,250.00	3,900.00	51,150.00	400.00	3,360.00	5,040.00	10,560.50	1,760.50	40,589.50	5.00	51,150.00

制表：方芳

账套：[101]山东 单位名称： 操作员：203 方 业务日期：[2014 16:17 畅捷通T3-企业管 经销地

图 5-81　工资表

（4）单击"退出"按钮。

（5）执行"工资→统计分析→账表→工资分析表"命令，打开"工资分析表"对话框。

（6）选择"员工工资汇总表（按部门）"选项，单击"确认"按钮，打开"选择分析部门"对话框。

（7）选择所有部门，单击"确定"按钮，打开"分析表选项"对话框，选择需要分析的项目"奖金"。

（8）单击"确认"按钮，打开"员工工资汇总表（按部门）"，如图 5-82 所示。单击"退出"按钮。

任务 3.8　处理固定资产日常业务—计提固定资产折旧费用

2014 年 01 月 31 日，方芳计提本月固定资产折旧费用。

累计折旧的处理是固定资产子系统的基本处理功能之一，主要包括累计折旧的计提与分配。

畅捷通T3-企业管理信息化软件教育专版10.8 Plus1 - [员工工...

文件 基础设置 总账 工资 固定资产 票据通 资源中心 窗口 帮助

打印 预览 输出 查询 帮助 退出

员工工资汇总表（按部门）

2014年1月

分析项目：奖金

部 门	编 号	姓 名	1 月	月 均	年 度 合 计
办公室			1,000.00	1,000.00	1,000.00
	101	刘杨	1,000.00	1,000.00	1,000.00
财务部			1,550.00	1,550.00	1,550.00
	201	张磊	800.00	800.00	800.00
	202	李艳	200.00	200.00	200.00
	203	方芳	250.00	250.00	250.00
	204	张丽	300.00	300.00	300.00
采购部			500.00	500.00	500.00
	301	樊阳	500.00	500.00	500.00
生产车间			900.00	900.00	900.00
	401	王丽	400.00	400.00	400.00
	402	王凡	500.00	500.00	500.00
销售部			1,300.00	1,300.00	1,300.00
	501	秦琴	1,300.00	1,300.00	1,300.00
合计			5,250.00	5,250.00	5,250.00

账套：[101]山东 单位名称：： 操作员：203

图 5-82 工资分析表

自动计提折旧是固定资产系统的主要功能之一。系统每期计提折旧一次，根据录入固定资产子系统的资料自动计算每项资产的折旧，并自动生成折旧分配表，然后制作记账凭证，将本期的折旧费用自动登账。

计提折旧时，系统自动计算所有资产当期折旧，并将当期折旧额累加到累计折旧中。

计提折旧工作完成后，系统根据用户的设置进行折旧分配形成折旧费用，生成折旧清单。折旧清单显示所有应计提折旧的资产所计提折旧数额的列表，单期的折旧清单中列示了资产名称、计提原值、月折旧率、单位折旧、月工作量、月折旧额等信息。全年的折旧清单中同时列出了各资产在12个计提期间中月折旧额、本年累计折旧等信息。

固定资产的使用部门不同，其折旧费用分配的去向也不同。折旧费用与资产使用部门间的对应关系主要是通过部门对应折旧科目来实现。系统根据折旧清单及部门对应折旧科目生成折旧分配表。

折旧分配表是编制记账凭证，把计提折旧额分配到成本和费用的依据。什么时候生成折旧分配凭证根据企业在初始化或选项中选择的折旧分配汇总周期确定，如果选定的是一个月，则每期计提折旧后自动生成折旧分配表；如果选定的是3个月，则只有到3的倍数的期间，即第3、6、9、12期间计提折旧后才自动生成折旧分配凭证。

折旧分配表有两种类型，部门折旧分配表和类别折旧分配表，只能选择一个制作记账凭证。部门折旧分配表中的部门可以不等同于使用部门，使用部门必须是明细部门，而部门折旧分配表中的部门指汇总时使用的部门，因此要在计提折旧后分配折旧费用时做出选择。

任务实施

（1）以会计方芳的身份进入用友 T3，登录日期为"2014-01-31"。

（2）执行"固定资产→处理→计提本月折旧"命令，系统弹出"本操作将计提本月折旧，并花费一定时间，是否要继续？"提示信息，单击"是"按钮。系统弹出"是否要查看折旧清单？"提示信息，单击"否"按钮，打开"折旧分配表"对话框，如图 5-83 所示。

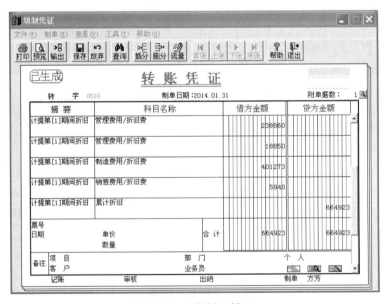

图 5-83 "折旧分配表"对话框

（3）单击"凭证"按钮，打开"填制凭证"窗口。选择凭证类型"转"，输入附单据数 1，单击"保存"按钮，凭证左上角出现"已生成"标志，表示该凭证已传递到总账管理系统，如图 5-84 所示。单击"退出"按钮。

图 5-84 计提折旧凭证

（4）单击"退出"按钮，系统弹出提示"计提折旧完成！"对话框，如图 5-85 所示。单击"确定"按钮。

图 5-85 计提折旧完成提示

小贴士

（1）本系统在一个期间内可以多次计提折旧，每次计提折旧后，只是将计提的折旧累加到月初的累计折旧，不会重复累计。

（2）如果上次计提折旧已制单，把数据传递到账务系统，则必须删除该凭证才能重新计提折旧。

（3）计提折旧后又对账套进行了影响折旧计算或分配的操作，必须重新计提折旧，否则系统不允许结账。

（4）如果自定义的折旧方法月折旧率或月折旧额出现负数，自动中止计提。

任务 3.9　处理固定资产日常业务—查询固定资产报表

2014 年 01 月 31 日，方芳查询 1 月份的固定资产折旧计算明细表。

 **任务分析**

固定资产管理过程中，需要及时掌握资产的统计、汇总和其他各方面的信息。固定资产系统根据用户对系统的日常操作，自动提供这些信息，以报表的形式提供给财务人员和资产管理人员。本系统提供的报表分为四类：账簿、折旧表、统计表、分析表。另外如果所提供的报表不能满足要求，系统提供自定义报表功能，企业可以根据需要定义自己要求的报表。

1. 账簿

（1）固定资产总账。

固定资产总账是同时按部门和类别设立的反映在一个年度内的 12 个期间固定资产的价值变化的账页。当部门和类别为空时，表示要查看的是全部资产。

（2）（部门、类别）固定资产明细账。

（部门、类别）固定资产明细账是按部门和类别设立的反映属于该部门和类别的所有资产序时变化情况的账页。单击任一行，显示该行所表示的原始单据。

（3）（单个）固定资产明细账。

（单个）固定资产明细账是为单个资产设立的序时反映该资产变化情况的账页，由（单个）固定资产明细账可联查相关的原始凭证。

（4）固定资产登记簿。

固定资产登记簿是按部门和类别设立的序时登记资产在一定期间范围内价值变化情况的备查簿。

2. 折旧表

（1）部门折旧计提汇总表。

部门折旧计提汇总表反映该账套内各使用部门计提折旧的情况，包括计提原值和计算的折旧额信息。

（2）固定资产折旧计算明细表。

折旧计算明细表是按固定资产类别设立的，反映固定资产按类别计算折旧的情况，包括上月计提情况、上月原值变动和本月计提情况。

（3）固定资产及累计折旧表。

固定资产及累计折旧表是按期编制的反映各类固定资产的原值、累计折旧和本年累计折旧变动的明细情况。

（4）固定资产折旧期间统计表。

固定资产折旧期间统计表用于满足用户按期间查看折旧信息以及审计的需要。

3．统计表

（1）固定资产统计表。

固定资产统计表是按部门或类别统计该部门或类别的固定资产的价值、数量、折旧、新旧程度等指标的统计表。

（2）固定资产盘盈盘亏报告表。

固定资产盘盈盘亏报告表反映企业以盘盈方式增加的固定资产和以盘亏、毁损方式减少的资产情况。因盘盈、盘亏、毁损属于非正常方式，通过该统计表，可以看出企业对固定资产的管理情况。

4．分析表

（1）固定资产使用状况分析表。

固定资产使用状况分析表是对企业内所有固定资产的使用状况所做的分析汇总，使管理者了解资产的总体使用情况，尽快将未使用的资产投入使用，及时处理不需要用的资产，提高资产的利用率和发挥应有的效能。

（2）固定资产部门构成分析表。

固定资产部门构成分析表是企业内固定资产在各使用部门之间的分布情况的分析统计。

（1）执行"固定资产→账表→我的账表"命令，打开"报表"窗口。

（2）单击"折旧表"选项，选择"固定资产折旧计算明细表"，如图 5-86 所示。

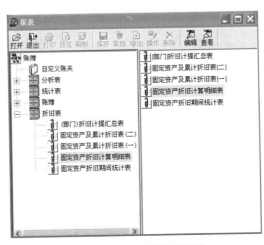

图 5-86　选择要查询的账表

（3）单击"打开"按钮，打开"条件"对话框，选择期间"2014.01"，类别级次"1-1"，如图 5-87 所示。

图 5-87　选择条件

（4）单击"确定"按钮，打开"查看报表"窗口，如图 5-88 所示。单击"退出"按钮返回。

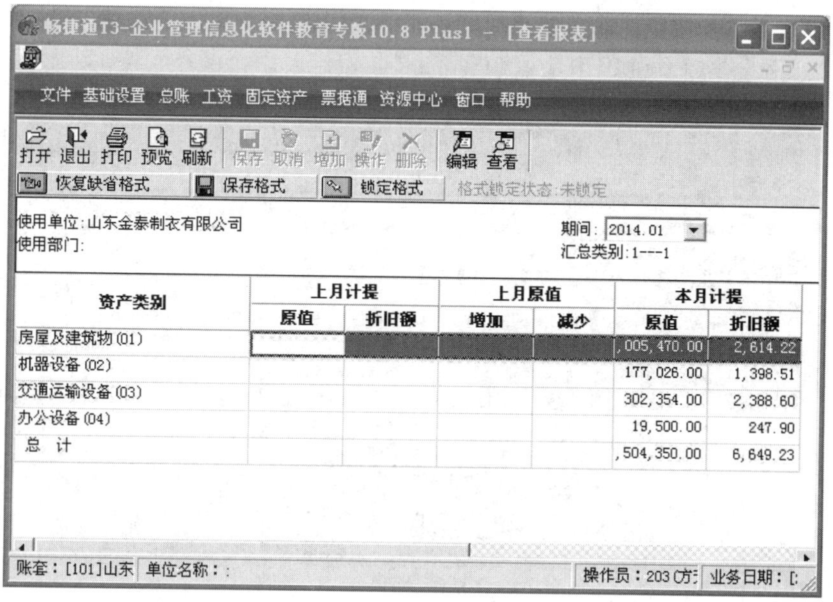

图 5-88　查看报表

任务 3.10　处理总账日常业务－支票登记

2014 年 1 月 31 日，采购部樊阳领用转账支票一张，用于购买坯布，金额为 5000 元，票号为 32221，登记支票簿。

任务分析

李艳的身份是出纳，出纳管理最重要的就是现金银行管理。现金银行管理主要包括四个方面：出纳签字，银行对账，现金、银行日记账及资金日报表的查询打印，支票登记。此处介绍支票登记。

在手工记账时，银行出纳员通常建立有支票领用登记簿，它用来登记支票领用情况。在会计信息化条件下，系统为出纳员提供了"支票登记簿"功能，以供其详细登记支票领用人、领用部门、领用日期、支票用途、支票号等情况。当支票支出后，经办人持原始单据(发票)到财务部门报销，会计人员据此填制记账凭证，当在系统中录入该凭证时，系统要求录入该支票的结算方式和支票号，在系统填制完成该凭证后，系统自动在支票登记簿中将该号支票写上报销日期，该号支票即为已报销。也就是说支票登记簿中的报销日期栏，一般是由系统自动填写的，但对于有些已报销而由于人为原因而造成系统未能自动填写报销日期的支票，会计也可进行手工填写，即将光标移到报销日期栏，然后写上报销日期。

（1）以出纳李艳的身份进入用友 T3 主界面，登录日期为"2014-01-31"。

（2）执行"现金→票据管理→支票登记簿"命令，打开"银行科目选择"对话框。

（3）选择科目"人民币户（10020101）"，单击"确定"按钮，打开"支票登记"对话框。

（4）单击"增加"按钮，输入领用日期 2014.1.31、领用部门"采购部"、领用人"樊阳"、支票号 32221、预计金额 5000、用途"购买坯布"，然后单击"保存"按钮，如图 5-89 所示。

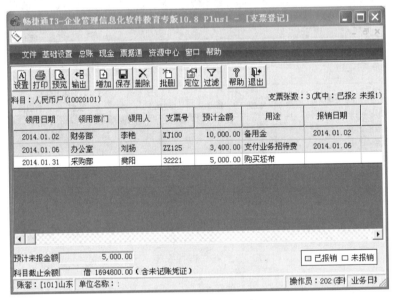

图 5-89　"支票登记"窗口

（5）单击"退出"按钮返回。

 小贴士

（1）只有在"会计科目"中设置银行账的科目才能使用支票登记簿。

（2）当需要使用支票登记簿时，务必要在"结算方式"功能中对需使用支票登记簿的结算方式打上标志。

（3）支票登记簿中报销日期为空时，表示该支票未报销，否则系统认为该支票已报销。已报销的支票不能进行修改。若想取消报销标志，只要将光标移到报销日期处，按空格键后删掉报销日期即可。

任务 3.11　处理总账日常业务-出纳签字

2014 年 1 月 31 日，出纳李艳对现金银行凭证进行出纳签字。

任务分析

任务 3.10 已经讲了支票登记，此处介绍出纳签字。

出纳凭证在众多凭证中是一类很特殊的凭证，因为其直接涉及企业现金的收入与支出。为此在企业实际的财务工作中，往往对出纳凭证的管理提出了一些特殊的要求。其中应用得最广泛的一种管理方式，就是要求在出纳凭证上除了审核之外必须有出纳人员的签字。如果没有出纳人员签字的话，则这张出纳凭证就不会生效。

出纳人员可通过出纳签字功能对制单员填制的带有现金、银行科目的凭证进行检查核对，主要核对出纳凭证的现金银行科目的金额是否正确，审查认为错误或有异议的凭证，应交与填制人员修改后再核对。

出纳凭证是否必须由出纳签字取决于系统参数的设置，如果在"总账→设置→选项→凭证"中选中了"出纳凭证必须经由出纳签字"复选框，那么出纳凭证必须经过出纳签字才能够记账。若不需要此功能，可在"选项"中取消"出纳凭证必须经由出纳签字"的设置。

凭证一经签字，就不能被修改、删除，只有被取消签字后才可以进行修改或删除。取消签字只能由出纳人自己进行。

若在核对完多张出纳凭证后想进行成批出纳签字，可以执行"出纳→成批出纳签字"命令，若想成批取消出纳签字，可以执行"出纳→成批取消签字"命令。

任务实施

（1）以出纳李艳的身份进入用友 T3 主界面，登录日期为"2014-01-31"。

（2）执行"总账→凭证→出纳签字"命令，打开"出纳签字"查询条件对话框。

（3）输入查询条件：选中"全部"按钮，输入月份 2014.01，单击"确认"按钮，打开"出纳签字"窗口，如图 5-90 所示。

出纳签字

凭证共 10 张　　□已签字 0 张　　□未签字 10 张

制单日期	凭证编号	摘要	借方金额合计	贷方金额合计	制单人	签字人
2014.01.03	收 - 0001	收到投资款	83,500.00	83,500.00	方芳	
2014.01.04	收 - 0002	多余差旅费交回	200.00	200.00	方芳	
2014.01.05	收 - 0003	收回前欠款	104,000.00	104,000.00	方芳	
2014.01.19	收 - 0004	核销	145,080.00	145,080.00	张丽	
2014.01.01	付 - 0001	购买办公用品	500.00	500.00	方芳	
2014.01.02	付 - 0002	提取备用金	10,000.00	10,000.00	方芳	
2014.01.06	付 - 0003	支付业务招待费	3,400.00	3,400.00	方芳	
2014.01.07	付 - 0004	直接购入资产	2,500.00	2,500.00	方芳	
2014.01.08	付 - 0005	原值增加	5,000.00	5,000.00	方芳	
2014.01.15	付 - 0006	核销	12,680.00	12,680.00	张丽	

打印　　打印预览　　确定　　退出

图 5-90　未进行出纳签字的凭证

（4）双击要签字的凭证或者单击"确定"按钮，打开"出纳签字"窗口。

（5）单击"签字"按钮，凭证底部的"出纳"处自动签上出纳人姓名，如图 5-91 所示。

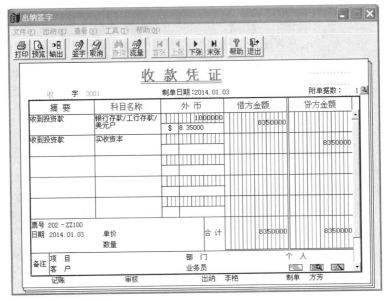

图 5-91　出纳签字后的凭证

（6）如需对其他凭证签字，可单击"下张"按钮，找到对应凭证，并签字。完成后，单击"退出"按钮，返回"出纳签字"窗口。

（7）单击"退出"按钮返回。

 小贴士

（1）执行出纳签字的人员可以与制单人或审核人是同一个人。

（2）只有指定为现金科目和银行科目的凭证才需出纳签字。

（3）出纳凭证必须经由出纳签字并非必要步骤。若在设置总账参数时不选中"出纳凭证必须经由出纳签字"复选框，则可以不执行"出纳签字"功能。

（4）如需对出纳凭证进行批量签字和批量取消签字，可以通过执行"签字→成批出纳签字"命令和"签字→成批取消签字"命令来实现。

（5）已经经过出纳签字的凭证不能被修改、删除，只有取消出纳签字后方可修改或删除。取消出纳签字只能由出纳自己进行。

任务 3.12　处理总账日常业务－审核凭证

2014 年 1 月 31 日，张磊对所有凭证进行审核。

 **任务分析**

审核凭证是审核员按照财会制度，对制单员填制的记账凭证进行检查核对，主要审核记账凭证是否与原始凭证相符、会计分录是否正确等，审查认为错误或有异议的凭证，应交与填制人员修改后再审核，只有具有审核权的人才能使用本功能。

　　审核人除了要具有审核权外，还需要有对待审核凭证制单人所制凭证的审核权，这个权限可在"明细权限"中设置。

　　凭证一经审核，就不能被修改、删除，只有被取消审核签字后才可以进行修改或删除。取消审核签字只能由审核人自己进行。

　　若在核对完多张凭证后想进行成批审核签字，可以执行"审核→成批审核凭证"命令，若想成批取消审核签字，可以执行"审核→成批取消审核"命令。

　　（1）以会计主管张磊的身份进入用友 T3 主界面，登录日期为"2014-01-31"。

　　（2）执行"总账→凭证→审核凭证"命令，打开"凭证审核"查询条件对话框。

　　（3）输入查询条件：选中"全部"按钮，输入月份 2014.01。单击"确认"按钮，打开"凭证审核"对话框。

　　（4）双击要签字的凭证或者单击"确定"按钮，打开"审核凭证"窗口。检查要审核的凭证，无误后，单击"审核"按钮，凭证底部的"审核"处自动签上审核人姓名，如图 5-92 所示。

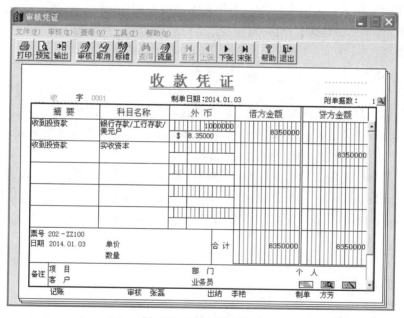

图 5-92　审核后的凭证

　　（5）如需对其他凭证进行审核，可单击"下张"按钮，找到对应的凭证，审核完成后，单击"退出"按钮，返回"凭证审核"对话框。

　　（6）单击"退出"按钮返回。

 小贴士

　　（1）审核人和制单人不能是同一个人。

　　（2）采用手工制单的用户，在凭单上审核完后还须对录入机器中的凭证进行审核。

（3）作废凭证不能被审核，也不能被标错。已标为作废的凭证不能被审核，需先取消作废标志后才能审核。

（4）如需对凭证进行批量审核和批量取消审核，可以通过执行"审核→成批审核凭证"命令和"审核→成批取消审核"命令来实现。

（5）凭证一经审核，不能被修改、删除，只有取消审核签字后才可修改或删除。取消审核签字只能由审核人自己进行。

任务 3.13　处理总账日常业务－记账

2014 年 1 月 31 日，方芳对所有已审核凭证进行记账。

记账凭证经审核签字后，即可用来登记总账和明细账、日记账、部门账、往来账、项目账以及备查账等。在计算机系统中，记账是由计算机自动进行的。

当系统在记账时，如果出现断电或其他原因造成中断，系统将自动调用"恢复记账前状态"功能恢复中断状态，再重新选择记账。

如果记账后发现本月记账有错误，需要人工调用"恢复记账前状态"功能，将本月已记账的凭证全部重新变成未记账凭证，进行修改，然后再记账。这这种情况下，需要执行"总账→期末→对账"命令，在此界面下按下快捷键 Ctrl+H 激活"恢复记账前状态"功能，退出"对账"功能，在系统主菜单"凭证"下显示该功能。

系统提供了两种恢复记账前状态的方式：将系统恢复到最近一次记账前状态：即将最近一次记账的凭证恢复成未记账凭证，以便重新修改再记账；将系统恢复到月初状态：即将本月全部已记账的凭证恢复成未记账状态，以便重新修改再记账。只有账套主管才能选择将数据"恢复到月初状态"。已结账的月份，不能恢复记账前状态。

输入记账范围的方法：单击可以输入的记账范围区（背景为白色），然后输入要进行记账的凭证范围。记账范围输入采用范围列示方式，可以输入数字、"-"，"，"。如在记账范围区内输入"1-4，8，9-12"，则表示所选记账范围是 1-4 号凭证、第 8 号凭证、9-12 号凭证，"12-"默认为第 12 号凭证。

（1）以会计方芳的身份进入用友 T3 主界面，登录日期为"2014-01-31"。

（2）执行"总账→凭证→记账"命令，打开"记账"对话框。

（3）在"记账范围"栏中输入本次记账范围或单击"全选"按钮选择所有凭证，如图 5-93 所示。

（4）单击"下一步"按钮，显示记账报告。如果需要打印记账报告，可单击"打印"按钮；如果不打印记账报告，单击"下一步"按钮。

（5）单击"记账"按钮，打开"期初试算平衡表"对话框。单击"确认"按钮，系统开始登记有关的总账、明细账、辅助账、备查账等。

（6）登记完毕后，系统弹出"记账完毕！"对话框。单击"确定"按钮，记账完毕。

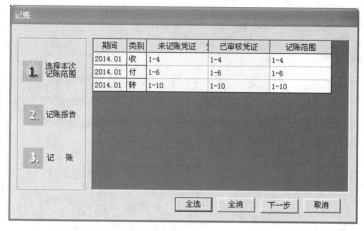

图 5-93　选择本次记账范围

 小贴士

（1）在记账过程中，不得中断退出。

（2）第一次记账时，若期初余额试算不平衡，系统将不允许记账。

（3）如果上月未结账，则本月不能记账。

（4）所选范围内的凭证如有不平衡凭证，系统将列出错误凭证，并重选记账范围。

（5）所选范围内的凭证如有未审核凭证时，系统提示是否只记已审核凭证或重新选择记账范围。

任务 3.14　处理总账日常业务－反记账

记账后发现，1 月 1 日销售部秦琴购买的办公用品是 400 元，需要反记账，然后重新记账。

 任务分析

反记账也就是取消记账，是将已经登记入账的会计数据予以取消，使之恢复到记账以前的状态。它是记账的逆操作，也是计算机会计系统独有的概念。

要实现反记账需执行"总账→期末→对账→在'对账'对话框下按 Ctrl＋H→出现'恢复记账前状态功能已被激活'提示信息→确定—退出"命令，此时电算化账务就能恢复到记账前状态。

只有账套主管才能选择将数据"恢复到月初状态"。

反记账后又重新记账的步骤如下：反记账→取消审核→取消出纳签字（如果有出纳签字）→修改或删除凭证→整理凭证（如果有删除凭证）→出纳签字→审核→重新记账。

关于凭证整理需要注意如下问题：整理凭证的时候，当系统提示"是否整理凭证断号"，选择"是"的话，之后的凭证号会依次提前，例如：一共 5 张凭证，被删除的是第 2 号凭证，第 2 号凭证作废后再整理凭证，凭证号是 1、2、3、4；如果选择"否"的话，会空出一个凭证号，例如：一共 5 张凭证，被删除的是第 2 号凭证，第 2 号凭证作废后再整理凭证，凭证号是 1、3、4、5。

任务实施

（1）以会计主管张磊的身份进入用友 T3 主界面，登录日期为"2014-01-31"。

（2）执行"总账→凭证→恢复记账前状态"命令，打开"对账"窗口。

（3）执行"凭证→恢复记账前状态"命令，打开"恢复记账前状态"对话框。选中"最近一次记账前状态"，如图 5-94 所示。

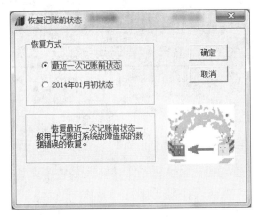

图 5-94　选择恢复方式

（4）单击"确定"按钮，系统弹出"请输入主管口令"对话框。输入主管口令 01，单击"确认"按钮，系统弹出"恢复记账完毕"对话框。单击"确定"按钮。

（5）张磊执行"总账→凭证→审核凭证"命令对错误凭证取消审核。

（6）以李艳的身份重新注册，进入总账管理系统，执行"总账→凭证→出纳签字"命令对错误凭证取消出纳签字。

（7）以方芳的身份重新注册，进入总账管理系统，执行"总账→凭证→填制凭证"命令对错误凭证进行修改。

（8）以李艳的身份重新注册，进入总账管理系统，执行"总账→凭证→出纳签字"命令对正确凭证进行出纳签字。

（9）以张磊的身份重新注册，进入总账管理系统，执行"总账→凭证→审核凭证"命令对正确凭证进行审核。

（10）以方芳的身份重新注册，进入总账管理系统，进行重新记账。

 小贴士

（1）只有账套主管才有恢复记账的权限。

（2）已结账月份的数据不能取消记账。

（3）取消记账后，一定要重新记账。

任务 3.15　处理总账日常业务－银行对账－输入银行对账期初数据

2014 年 1 月 31 日，李艳进行银行对账，由于是第一次使用该功能，所以首先需要录入银行对账期初数据：金泰制衣有限公司银行账的启用日期为 2014.01.01，工行人民币户企业银行存款日记账调整前余额为 1479300 元，银行对账单调整前余额为 1409300 元，未达账项一笔，系企业 2013 年 12 月 31 日收到银行未收款 70000 元。

任务 3.11 已经讲了支票登记，此处介绍银行对账。

什么是银行对账？银行对账是企业将银行日记账和银行发出的银行对账单进行核对，以期找出已达账项和未达账项的过程。

银行对账单是指银行客观记录企业资金流转情况的记录单，银行对账单反映的主体是银行和企业，反映的内容是企业的资金，反映的形式是对企业资金流转的记录。就其用途来说，银行对账单是银行和企业之间对资金流转情况进行核对和确认的凭单。

银行对账的步骤如下：

1. 输入银行对账期初数据

为了保证银行对账的正确性，在使用"银行对账"功能进行对账之前，必须先将日记账、银行对账单未达项录入系统中。通常许多用户在使用总账管理系统时，先不使用银行对账模块，比如某企业 2012 年 1 月开始使用总账管理系统，而银行对账功能则是在 5 月开始使用，那么银行对账则应该有一个启用日期（启用日期应为使用银行对账功能前最近一次手工对账的截止日期），应在此录入最近一次对账企业方与银行方的调整前余额，以及启用日期之前的单位日记账和银行对账单的未达项。等所有未达账录入正确后启用此账户，再开始记 5 月份凭证，在 5 月份的凭证记完账后，进入"银行对账单"录入 5 月份的银行对账单，然后开始对账。

单位日记账与银行对账单的"调整前余额"应分别为启用日期时该银行科目的科目余额及银行存款余额；"期初未达项"分别为上次手工勾对截止日期到启用日期前的未达账项；"调整后余额"分别为上次手工勾对截止日期的该银行科目的科目余额及银行存款余额。若录入正确，则单位日记账与银行对账单的调整后余额应平衡。

录入的银行对账单、单位日记账的期初未达项的发生日期不能大于等于此银行科目的启用日期。

银行对账单余额方向为借方时，借方发生表示银行存款增加，贷方发生表示银行存款减少；反之，借方发生表示银行存款减少，贷方发生表示银行存款增加。系统默认银行对账单余额方向为借方，按"方向"按钮可调整银行对账单余额方向。已进行过银行对账勾对的银行科目不能调整银行对账单余额方向。

企业在执行对账功能之前，应将"银行期初"中的"调整后余额"调平（即单位日记账的调整后余额=银行对账单的调整后余额），否则，在对账后编制银行存款余额调节表时，会造成银行存款与单位银行账的账面余额不平。

2. 输入银行对账单

要实现计算机自动对账，在每月月末对账前，须将银行开出的银行对账单输入计算机，以便于与企业银行存款日记账进行对账。

3. 银行对账

银行对账采用自动对账与手工对账相结合的方式。

自动对账是计算机根据对账依据，对银行日记账和银行对账单进行自动核对、勾销。对账依据由用户根据需要选择，方向、金额相同是必选条件，其他可选条件为票号相同、结算方式相同、日期在多少天之内。对于已核对上的银行业务，系统将自动在银行存款日记账和银行对账单双方写上两清标志，并视为已达账项，对于在两清栏未写上两清符号的记录，系统则视其为未达账项。由于自动对账是以银行存款日记账和银行对账单双方对账依据完全相同为条件，所以为了保证自动对账的正确和彻底，企业必须保证对账数据的规范合理，比如：银行存款日记账和银行对账单的票号要统一位长，如果对账双方不能统一规范，各自为政，系统则无法识别。

手工对账是对自动对账的补充，用户使用完自动对账后，可能还有一些特殊的已达账没有对出来，而被视为未达账项，为了保证对账更彻底正确，可用手工对账来进行调整。

4. 查询输出银行存款余额调节表

在对银行账进行两清勾对后，便可查询打印银行存款余额调节表，以检查对账是否正确。进入此项操作，屏幕显示所有银行科目的账面余额及调整余额若对账单余额方向为借方，"银行已收企业未收"为截止日期以前未两清的银行对账单的借方发生明细数据，"银行已付企业未付"为截止日期以前未两清的银行对账单的贷方发生明细数据。若对账单余额方向为贷方，"银行已收企业未收"为截止日期以前未两清的银行对账单的贷方发生明细数据，"银行已付企业未付"为截止日期以前未两清的银行对账单的借方发生明细数据。"企业已收银行未收"为截止日期以前未两清的企业日记账的借方发生明细数据。"企业已付银行未付"为截止日期以前未两清的企业日记账的贷方发生明细数据。

如果余额调节表显示账面余额不平，查看以下 3 处：

（1）"银行期初录入"中的"调整后余额"是否平衡？如不平衡请查看"调整前余额""日记账期初未达项"及"银行对账单期初未达项"是否录入正确。如不正确请进行调整。

（2）银行对账单录入是否正确？如不正确请进行调整。

（3）"银行对账"中勾对是否正确、对账是否平衡？如不正确请进行调整。

5. 查询对账勾对情况

对账结果查询主要用于查询单位日记账和银行对账单的对账结果，它是对余额调节表的补充。系统提供三种查询方式，即：显示全部、显示未达账、显示已达账，系统默认显示全部。

6. 核销已达账

核销已达账用于将核对正确并确认无误的已达账项的删除，对于一般用户来说，在银行对账正确后，如果想将已达账项删除并只保留未达账项时，可使用本功能。如果银行对账不平衡时，请不要使用本功能，否则将造成以后对账错误。本功能不影响银行日记账的查询和打印，此外，按 Alt+U 快捷键可以进行反核销。

7. 长期未达账审计

本功能用于查询至截止日期为止未达天数超过一定天数的银行未达账项，以便企业分析长期未达原因，避免资金损失。

（1）以李艳的身份进入用友 T3 主界面，登录日期为"2014-01-31"。

（2）执行"现金→设置→银行期初录入"命令，打开"银行科目选择"对话框。

（3）选择科目"人民币户（10020101）"，单击"确定"按钮，打开"银行对账期初"窗口，确定启用日期为 2014.01.01。

（4）输入单位日记账的调整前余额为1479300，输入银行对账单的调整前余额为1409300。

（5）单击"日记账期初未达项"按钮，打开"企业方期初"窗口。

（6）单击"增加"按钮，输入日期2013.12.31、收款凭证、结算方式202和借方金额70000，如图5-95所示。

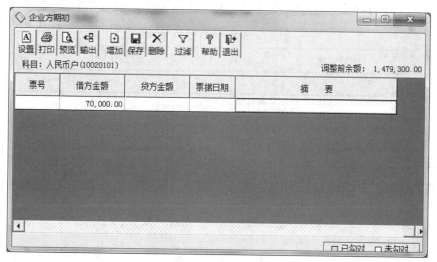

图5-95　设置未达账项

（7）单击"保存"按钮，再单击"退出"按钮，返回"银行对账期初"窗口，单位日记账和银行对账单调整后余额相等，如图5-96所示。

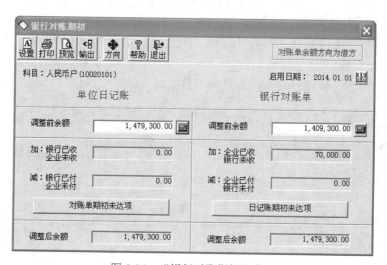

图5-96　"银行对账期初"窗口

 小贴士

（1）第一次使用银行对账功能前，系统要求输入日记账及对账单未达账项，在开始使用银行对账之后不再使用此功能。

（2）在输入完单位日记账、银行对账单期初未达账项后，请不要随意调整启用日期，尤其是不要向前调，这样可能会使启用日期后的期初数不能再参与对账。例如：录入了4月1

日、5 日、8 日的几笔期初未达项后，将启用日期由 4 月 10 日调整为 4 月 6 日，那么，4 月 8 日的那笔未达项将不能在期初及银行对账中见到。

任务 3.16　处理总账日常业务－银行对账－输入银行对账单

2014 年 1 月 31 日，李艳进行银行对账，输入 2014 年 1 月银行对账单，如表 5-3 所示。

表 5-3　1 月份银行对账单

单位：元

日期	结算方式	票号	借方金额	贷方金额
2014.1.02	201	XJ100		10000
2014.1.05	202	ZZ118	104000	
2014.1.06	202	ZZ125		3400
2014.1.07				2500
2014.1.08	202	ZZ180		5000
2014.1.15	202	ZZ1122		12680
2014.1.17			30000	
2014.1.19	202	ZZ1789	145080	

（1）执行"现金→现金管理→银行账→银行对账单"命令，打开"银行科目选择"对话框。

（2）选择科目"人民币户（10020101）"，月份"2014.01-2014.01"，单击"确定"按钮，打开"银行对账单"窗口。

（3）单击"增加"按钮，输入银行对账单数据，再单击"保存"按钮，如图 5-97 所示。

日期	结算方式	票号	借方金额	贷方金额	余额
2014.01.02	201	XJ100		10,000.00	1,399,300.00
2014.01.05	202	ZZ118	104,000.00		1,503,300.00
2014.01.06	202	ZZ125		3,400.00	1,499,900.00
2014.01.07				2,500.00	1,497,400.00
2014.01.08	202	ZZ180		5,000.00	1,492,400.00
2014.01.15	202	ZZ1122		12,680.00	1,479,720.00
2014.01.17			30,000.00		1,509,720.00
2014.01.19	202	ZZ1789	145,080.00		1,654,800.00

图 5-97　输入银行对账单

（4）单击"退出"按钮返回。

小贴士

（1）在此输入的结算方式同制单时所使用的结算方式可相同也可不同，但在此输入的票号应同制单时输的票号位长相同。

（2）此功能中显示的银行对账单为启用日期之后的银行对账单。

任务 3.17 处理总账日常业务－银行对账－自动对账

李艳输入对账条件：截止日期为 2014-1-31，同时采用系统默认的其他对账条件。

（1）执行"现金→现金管理→银行账→银行对账"命令，打开"银行科目选择"对话框。

（2）选择科目"人民币户（10020101）"、月份"2014.01-2014.01"，单击"确定"按钮，打开"银行对账"窗口。

（3）单击"对账"按钮，打开"自动对账"对话框。

（4）输入截止日期 2014.1.31，同时默认采用系统提供的其他对账条件。单击"确定"按钮，显示自动对账结果，如图 5-98 所示。

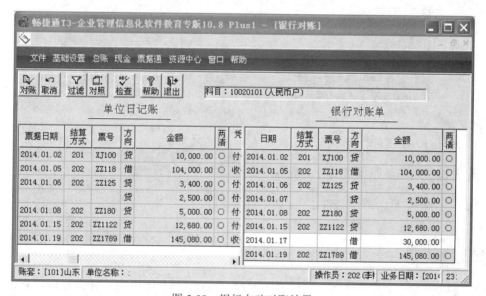

图 5-98 银行自动对账结果

（5）单击"退出"按钮返回。

小贴士

（1）对账条件中的方向、金额相同是必选条件，对账截止日期可输入也可不输入。

（2）对于已达账项，系统自动在银行存款日记账和银行对账单双方的"两清"栏中打上圆圈标志。

（3）在自动对账不能完全对上的情况下，可采用手工对账。手工对账的标志为 Y，以区别于自动对账标志。

任务 3.18　处理总账日常业务－银行对账－查询银行存款余额调节表

2014 年 1 月 31 日，李艳查询银行存款余额调节表。

（1）执行"现金→现金管理→银行账→余额调节表查询"命令，打开"银行存款余额调节表"窗口。

（2）选择科目"人民币户（10020101）"，单击"查看"按钮或双击该行，即可显示该银行账户的银行存款余额调节表，如图 5-99 所示。

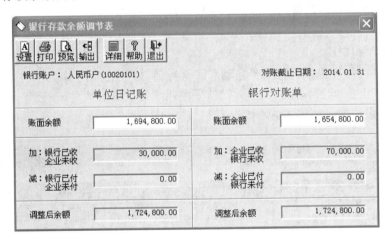

图 5-99　"银行存款余额调节表"对话框

（3）单击"退出"按钮返回。

任务 3.19　处理总账日常业务－查询现金日记账、银行日记账

2014 年 1 月 31 日，李艳查询 2014 年 1 月份银行日记账。

出纳可以使用该功能查询现金日记账和银行日记账，只是现金科目和银行科目必须在"会计科目"功能下的"指定科目"中预先指定。任务 3.15—3.18 已经完成了银行对账，现在出纳可以查询现金日记账、银行日记账了。

（1）执行"现金→现金管理→日记账→银行日记账"命令，打开"银行日记账查询条件"对话框。

（2）选择科目"1002 银行存款"，默认月份 2014.01，单击"确定"按钮，打开"银行日记账"窗口，如图 5-100 所示。

图 5-100 "银行日记账"窗口

（3）双击某行或将光标定位在某行再单击"凭证"按钮，可查看相应的凭证。

（4）单击"退出"按钮返回。

任务 3.20 处理总账日常业务－查询资金日报表

2014 年 1 月 31 日，李艳查询 2014 年 1 月资金日报表。

出纳如果想输出现金、银行存款科目某日的发生额及余额情况，可以查看资金日报表。资金日报表既可以根据已记账凭证生成，也可以根据未记账凭证生成。

（1）执行"现金→现金管理→日记账→资金日报"命令，打开"资金日报表查询条件"对话框。

（2）输入查询日期 2014.01.31，选中"有余额无发生也显示"前的方框，如图 5-101 所示。

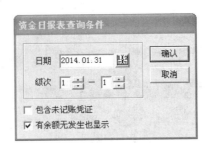

图 5-101　设置资金日报表查询条件

（3）单击"确认"按钮，打开"资金日报表"窗口，如图 5-102 所示。

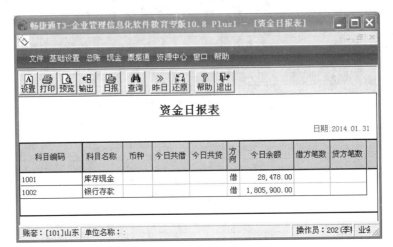

图 5-102　"资金日报表"窗口

（4）单击"退出"按钮返回。

任务 3.21　处理总账日常业务－查询基本账簿－总账

2014 年 1 月 31 日，方芳查询 2014 年 1 月份各科目总账。

任务分析

　　企业对发生的经济业务经过制单、出纳签字、审核和记账后，就可以查询打印各种账簿了。与手工环境下账簿查询相比，会计信息化条件下的账簿查询特点：在查询各种账簿时，可以包括未记账凭证；各种账簿都可以针对各级科目进行查询；可以进行账表联查，如查询总账时可以联查明细账，而查询明细账时可以联查凭证等。

　　以下分别介绍基本会计账簿查询和辅助账簿查询。基本会计账簿包括总账、余额表、明细账、日记账、多栏账等。辅助账簿包括个人往来核算账簿、部门核算账簿、项目核算账簿、供应商和客户往来核算账簿。

　　总账不但可以查询各总账科目的年初余额、各月发生额合计和月末余额，而且还可查询所有二至六级明细科目的年初余额、各月发生额合计和月末余额。查询总账时，标题显示为所查科目的一级科目名称+总账，如"应付账款总账"。联查总账对应的明细账时，明细账显示为"应付账款明细账"。

【栏目说明】

科目范围：可输入起止科目范围，为空时，系统认为是所有科目。

科目级次：在确定科目范围后，可以按该范围内的某级科目，如将科目级次输入为 1－1，则只查一级科目，如将科目级次输入为 1－3，则只查一至三级科目。如果需要查所有末级科目，则用鼠标选择"末级科目"即可。

联查明细账：单击工具栏中的"明细"按钮，即可联查到当前科目当前月份的明细账。

当期初余额或上年结转所在行为当前行时，不能联查明细账。

（1）以会计方芳的身份进入用友 T3 主界面，登录日期为"2014-01-31"。

（2）执行"总账→账簿查询→总账"命令，打开"总账查询条件"对话框。

（3）单击"确认"按钮，选择"科目"为"1001 库存现金"，打开"库存现金总账"窗口，如图 5-103 所示。

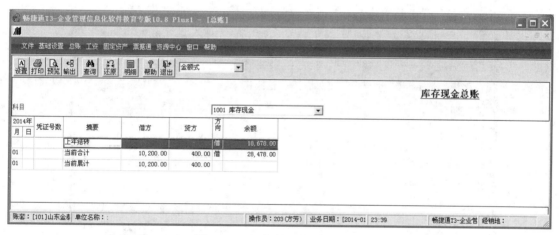

图 5-103 "库存现金总账"窗口

（4）同理，可查询其他科目总账。

（5）单击"退出"按钮返回。

任务 3.22 处理总账日常业务－查询基本账簿－余额表

2014 年 1 月 31 日，方芳查询 2014 年 1 月份各科目余额表。

余额表用于查询统计各级科目的本期发生额、累计发生额和余额等。传统的总账，是以总账科目分页设账，而余额表则可输出某月或某几个月的所有总账科目或明细科目的期初余额、本期发生额、累计发生额、期末余额，在实行计算机记账后，用余额表代替总账更好。

 任务实施

（1）执行"总账→账簿查询→余额表"命令，打开"发生额及余额表查询条件"对话框。

（2）选择查询条件后单击"确认"按钮，打开"发生额及余额表"窗口，如图 5-104 所示。

图 5-104　"发生额及余额表"窗口

（3）单击"累计"按钮，系统自动增加借方、贷方累计发生额两个栏目。

（4）单击"退出"按钮返回。

任务 3.23　处理总账日常业务－查询基本账簿－明细账

2014 年 1 月 31 日，方芳查询 2014 年 1 月份库存现金科目明细账。

 任务分析

本功能用于平时查询各账户的明细发生情况及按任意条件组合查询明细账。在查询过程中可以包含未记账凭证。系统提供了 3 种明细账的查询格式：普通明细账、按科目排序明细账、月份综合明细账。普通明细账是按科目查询，按发生日期排序的明细账；按科目排序明细账是按非末级科目查询，按其有发生的末级科目排序的明细账；月份综合明细账是按非末级科目查

询，包含非末级科目总账数据及末级科目明细数据的综合明细账，使用户对各级科目的数据关系一目了然。

查询明细账时，标题显示为所查科目的一级科目名称+明细账，如"应收账款明细账"。联查明细账对应的总账时，总账标题显示为"应收账款总账"。

（1）执行"总账→账簿查询→明细账"命令，打开"明细账查询条件"对话框。选择月份综合明细账，如图5-105所示。

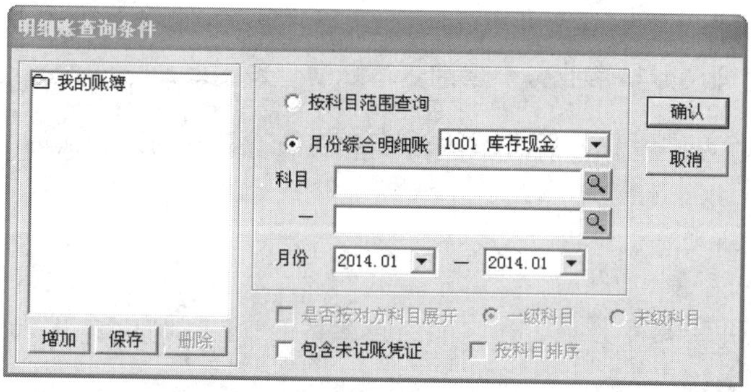

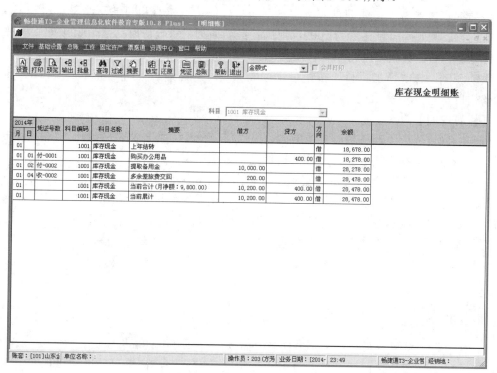

图5-105 设置明细账查询条件

（2）单击"确认"按钮，打开"明细账"窗口，如图5-106所示。

图5-106 查询库存现金明细账

（3）单击"退出"按钮返回。

小贴士

（1）只能查询某一月份已记账业务的月份综合明细账。因此，若选"月份综合明细账"则只能选择起始月份，终止月份与起始月份相同，且系统默认为不包含未记账凭证。

（2）查询月份综合明细账必须先指定一级科目，且起始科目与终止科目必须为指定科目或其下属科目，且为同一级次。如：指定科目为 1002，则科目范围可输入 100201~100202，也可输入 1002~1002，但不能输入 100201~10020101。

（3）按科目范围查询明细账时，不能查询在科目设置中指定为现金银行科目的明细账，但可查月份综合明细账，且可以到"出纳管理"中通过现金日记账与银行日记账查询该科目的明细数据。

任务 3.24　处理总账日常业务－查询基本账簿－多栏账

2014 年 1 月 31 日，方芳查询 2014 年 1 月份工行存款科目多栏账。

任务分析

系统采用自定义多栏账查询方式，即用户要查询某个多栏账之前，必须先定义其查询格式，然后才能进行查询。

系统提供两种定义多栏账的方式：自动编制和手动编制。建议先进行自动编制再进行手动调整，可提高录入效率。

自动编制：单击"自动编制"按钮，系统将根据所选核算科目的下级科目自动编制多栏账分析栏目。例如：核算科为 1002，则执行自动编制，系统将自动把 1002 的下级科目设为多栏账分析栏目。分析方向与科目性质相同。

手动编制：按"增加栏目"按钮可自行增加栏目，选择栏目后单击"删除栏目"按钮可删除该栏目。

【栏目说明】

方向：确定分析所选科目的分析方向，是"借方分析"还是"贷方分析"。借方分析即分析科目的借方发生额，贷方分析即分析科目的贷方发生额。

分析方式：若选按金额分析，则系统只输出其分析方向上的发生额；若选按余额分析，则系统对其分析方向上的发生额按正数输出，其相反发生额按负数输出。如：100201 科目为借方分析，若选择金额方式，系统只输出其借方发生额；若选择余额方式，系统将其借方发生额按正数输出，其贷方发生额按负数输出。

输出内容：系统默认输出金额，如用户需要输出该科目的外币或数量，请在此进行选择。

任务实施

（1）执行"总账→账簿查询→多栏账"命令，打开"多栏账"窗口。

（2）单击"增加"按钮，打开"多栏账定义"对话框。核算科目选择"100201 工行存款"，单击"自动编制"按钮，系统自动将工行存款下的明细科目作为多栏账的栏目，如图 5-107 所示。

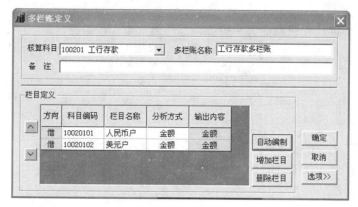

图 5-107　多栏账的定义

（3）单击"确定"按钮，完成工行存款多栏账的定义，回到"多栏账"窗口。

（4）单击"查询"按钮，打开"多栏账查询"对话框。单击"确认"按钮，显示工行存款多栏账，如图 5-108 所示。

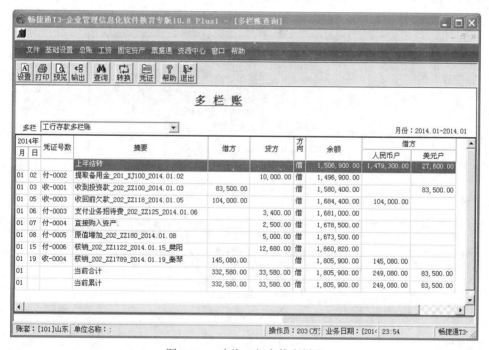

图 5-108　查询工行存款多栏账

（5）单击"退出"按钮返回。

 小贴士

（1）多栏账名称不能重复定义。

（2）如果选择了"分析栏目后置"，则所有栏目的分析方向必须相同，且若选择"借方分析"则分析方向必须为"借"，若选择"贷方分析"则分析方向必须为"贷"。

（3）如果选择了"分析栏目后置"，则所有栏目的分析内容必须相同，且不能输出外币及数量，若按金额分析，则需全按金额分析，若按余额分析，则需全按余额分析。

任务 3.25　处理总账日常业务－查询辅助账簿－个人往来账

2014 年 1 月 31 日，方芳查询 2014 年 1 月份个人科目明细账。

任务分析

　　个人往来核算主要进行个人借款、还款管理工作，及时地控制个人借款，完成清欠工作。个人往来核算包括个人往来余额表、个人往来明细账、个人往来清理、个人往来催款单、个人往来账龄分析。

任务实施

　　（1）执行"总账→辅助查询→个人往来明细账→个人科目明细账"命令，打开"个人往来_科目明细账"对话框，如图 5-109 所示。

图 5-109　设置个人科目明细账查询条件

　　（2）单击"确认"按钮，打开"个人科目明细查询"窗口，如图 5-110 所示。

图 5-110　"个人往来明细账"窗口

（3）单击"退出"按钮返回。

任务 3.26 处理总账日常业务－查询辅助账簿－部门核算账

2014 年 1 月 31 日，方芳查询 2014 年 1 月份各部门收支分析表。做完此业务，将 101 账套备份到"E:\金泰制衣\下旬业务"中。

部门核算主要是为了考核部门收支的发生情况，及时地反映、控制部门费用的支出。企业对各部门的收支情况加以比较分析，便于部门考核。部门核算包括部门总账、部门明细账、部门收支分析。部门收支分析表是损益类科目发生的数量金额按部门来进行分析的多栏账。

（1）执行"总账→辅助查询→部门收支分析"命令，打开"部门收支分析条件"对话框。选择管理费用下的明细科目作为分析科目，如图 5-111 所示。

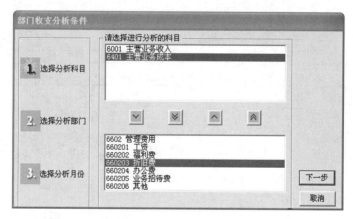

图 5-111　选择分析科目

（2）单击"下一步"按钮。选择所有部门作为分析部门，如图 5-112 所示。

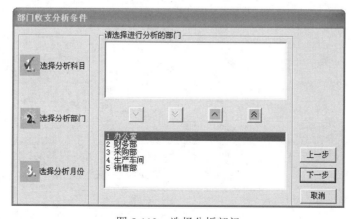

图 5-112　选择分析部门

（3）单击"下一步"按钮，选择 2014 年 1 月作为分析月份，再单击"完成"按钮，系统显示部门收支分析表，如图 5-113 所示。

部门收支分析表

2014.01-2014.01

科目编码	科目名称	统计方式	方向	合计 金额	1 办公室 金额	2 财务部 金额	3 采购部 金额	4 生产车间 金额	5 销售部 金额
6602	管理费用	期初	借						
		借方		44,794.10	18,898.60	25,895.50			
		贷方							
		期末	借	44,794.10	18,898.60	25,895.50			
660201	工资	期初	借						
		借方		34,050.00	11,500.00	22,550.00			
		贷方							
		期末	借	34,050.00	11,500.00	22,550.00			
660202	福利费	期初	借						
		借方		4,767.00	1,610.00	3,157.00			
		贷方							
		期末	借	4,767.00	1,610.00	3,157.00			
660203	折旧费	期初	借						
		借方		2,577.10	2,388.60	188.50			
		贷方							
		期末	借	2,577.10	2,388.60	188.50			
660204	办公费	期初	借						
		借方							

图 5-113　部门收支分析表

（4）单击"退出"按钮返回。

（5）退出用友 T3，登录系统管理，将 101 账套备份到"E:\金泰制衣\下旬业务"中。

项目六　月末处理

知识目标

①熟悉总账管理系统月末处理的基本流程。
②熟悉工资管理系统月末处理的基本流程。
③熟悉固定资产管理系统月末处理的基本流程。
④熟悉购销存管理系统月末处理的基本流程。

能力目标

①能对总账管理系统进行月末处理。
②能对工资管理系统进行月末处理。
③能对固定资产管理系统进行月末处理。
④能对购销存管理系统进行月末处理。

素质目标

通过各子系统月末处理不可颠倒的顺序，使学生进一步具有系统集成意识。

工作背景

金泰制衣在处理完用友 T3 总账管理系统、工资管理系统、固定资产管理系统、购销存管理系统的日常业务后，就可以进行公司 2014 年 1 月份月末处理了。月末处理主要包括四个方面：工资的月末处理、固定资产的月末处理、购销存的月末处理和总账的月末处理。金泰制衣先做工资、固定资产和购销存的月末处理，最后做总账的月末处理。其中，在购销存系统中，采购和销售的月末处理在库存月末处理之前。

总账、工资、固定资产的月末处理由会计方芳完成，购销存的月末处理由会计张丽完成。

子项目一　对工资管理系统进行月末处理

任务 1.1　工资管理系统月末处理

2014 年 1 月 31 日，工资类别主管方芳进行 1 月份工资月末处理，将"请假扣款""请假天数"和"奖金"清零，并将账套 101 备份到"E:\金泰制衣\工资月末处理"中。

任务分析

工资的月末处理是将当月工资数据经过处理后结转至下月。每月工资数据处理完毕后均可进行月末结转。由于在工资项目中，有的项目是变动的，即每个月的数据均不相同，在每月工资处理时，均需将其数据清空为 0，然后输入当月的数据，此类项目即为清零项目。月末处理功能只有主管人员才能执行。

月末处理只有在会计年度的 1 月至 11 月进行，且只有在当月工资数据处理完毕后才可进行。若为处理多个工资类别，则应打开工资类别，分别进行月末结算。若本月工资数据未汇总，系统将不允许进行月末处理。进行月末处理后，当月数据将不再允许变动。

任务实施

（1）以会计方芳的身份进入用友 T3 主界面，登录日期为"2014-01-31"。

（2）执行"工资→业务处理→月末处理"命令，打开"月末处理"对话框，如图 6-1 所示。

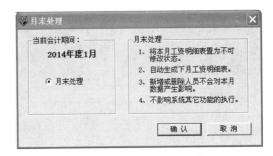

图 6-1   "月末处理"对话框

（3）单击"确认"按钮，系统弹出"月末处理之后，本月工资将不许变动，继续月末处理吗？"提示信息。单击"是"按钮。系统继续提示"是否选择清零项？"。单击"是"按钮，打开"选择清零项目"对话框。

（4）在"请选择清零项目"列表中，单击鼠标，选择"请假扣款""请假天数"和"奖金"，单击"＞"按钮将所选项目移动到右侧的列表框中，如图 6-2 所示。

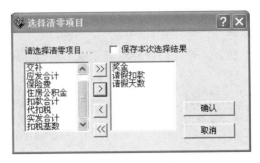

图 6-2   选择清零项目

（5）单击"确认"按钮，系统弹出"月末处理完毕！"提示信息。

（6）单击"确定"按钮返回。

（7）退出用友 T3，打开"系统管理"，将账套 101 备份到"E:\金泰制衣\工资月末处理"中。

 小贴士

（1）月末处理功能只有主管人员才能执行。

（2）月末处理之前，要保证本月工资数据变动完毕。

子项目二　对固定资产管理系统进行月末处理

任务 2.1　固定资产管理系统月末处理－对账

2014 年 01 月 31 日，会计方芳进行 1 月份固定资产与总账的对账。

 **任务分析**

固定资产期末处理主要包括对账和结账两个方面。

为了保证固定资产子系统中固定资产和累计折旧数额与总账子系统中固定资产和累计折旧科目数值相等，需要在固定资产子系统月末结账前与总账子系统进行对账，并给出对账结果。对账任何时候都可以进行，系统在执行月末结账时自动进行，自动给出对账结果，并可根据初始化设置中的"在对账不平情况下允许固定资产月末结账"选项判断是否允许结账。固定资产和总账对账不平，不能结账。

固定资产和总账对账不平的原因主要有下面 4 点：

（1）总账的期初与固定资产的期初不平，即总账期初余额里面的固定资产科目和累计折旧科目的值与固定资产模块中原始卡片的固定资产和累计折旧的值不相等；

（2）固定资产本月的业务还没有生成凭证传递到总账系统中；

（3）固定资产模块的生成的凭证还没有在总账系统中记账；

（4）在总账模块里面手工填制的固定资产科目和累计折旧科目凭证的数值跟固定资产模块卡片的原值和累计折旧的值不相等。

 **任务实施**

（1）执行"固定资产→处理→对账"命令，打开"与账务对账结果"对话框，如图 6-3 所示。

图 6-3　对账完成

（2）单击"确定"按钮。

 小贴士

（1）当总账记账完毕，固定资产管理系统才可以进行对账。对账平衡后，开始月末结账。

（2）如果在初始化设置时，选中了"与账务系统对账"复选框，则对账的操作不限制执行时间，任何时候都可以进行对账。

（3）若在财务接口中选中"在对账不平情况下允许固定资产月末结账"复选框，则可以直接进行月末结账。

任务 2.2 固定资产管理系统月末处理－结账

2014 年 1 月 31 日，会计方芳完成 2014 年 1 月份固定资产结账，并将账套 101 备份到 E:\金泰制衣\固定资产月末处理"中。

 **任务分析**

固定资产子系统处理完当月全部业务后，便可以进行月末结账，将当月数据处理后结转至下月。月末结账后当月数据不允许再进行改动。月末结账后如果发现有本月未处理的业务需要修改时，可以通过系统提供的"恢复月末结算前状态"功能进行反结账。反结账后，会把新的月份所执行的操作自动取消，如反结账 6 月份，则 7 月份新增的卡片会自动删除，所以反结账一定要小心谨慎。

年末结转由账套主管在系统管理中统一进行。

 **任务实施**

（1）执行"固定资产→处理→月末结账"命令，打开"月末结账"对话框，如图 6-4 所示。

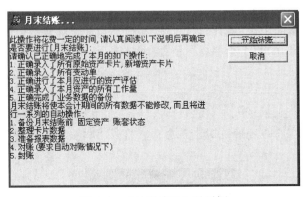

图 6-4 "月末结账"对话框

（2）单击"开始结账"按钮，系统自动检查并弹出"与账务对账结果"提示信息，单击"确定"按钮，系统弹出"月末结账成功完成！"提示信息。

（3）单击"确定"按钮，系统弹出信息提示对话框，如图 6-5 所示。

（4）单击"确定"按钮。

图 6-5 结账完成提示

（5）退出用友 T3，打开"系统管理"，将账套 101 备份到"E:\金泰制衣\固定资产月末处理"中。

 小贴士

（1）本月没有计提折旧，不允许结账。
（2）本会计期间不做完月末结账工作，系统将不允许处理下一个会计期间的数据。
（3）月末结账前一定要进行数据备份。

子项目三 对购销存管理系统进行月末处理

任务 3.1 采购管理系统月末处理

2014 年 1 月 31 日，会计方芳进行 1 月份采购管理系统月末处理，并将 101 账套备份到"E:\金泰制衣\采购月末处理"中。

采购管理系统的月末处理就是月末结账。月末结账是逐月将每月的单据数据封存，并将当月的采购数据记入有关账表中，采购管理月末结账可以连续将多个月的单据进行结账，不允许跨月结账。月末结账后，该月的单据将不能修改、删除。该月未输入的单据只能视为下个月单据处理。

只有在采购管理进行月末处理后，才能进行库存管理和存货核算的月末处理；如果采购管理要取消月末结账，必须先通知库存管理和存货核算的操作人员，要求他们的系统取消月末结账。如果库存管理、存货核算的任何一个系统不能取消月末结账，那么也不能取消采购管理系统的月末结账。

如果没有启用库存管理、存货核算系统，并且不需要查看采购余额一览表，那么可以不进行采购月末结账。

（1）以会计张丽的身份进入用友 T3 主界面，登录日期为"2014-01-31"。
（2）执行"采购→月末结账"命令，打开"月末结账"对话框，选择结账会计月份 1 月份，如图 6-6 所示。
（3）单击"结账"按钮，系统弹出提示"月末结账完毕！"，如图 6-7 所示。

图 6-6　选择月末结账月份

图 6-7　月末结账完毕提示

（4）单击"确定"按钮，单击"退出"按钮返回。

（5）退出用友 T3，打开"系统管理"，将账套 101 备份到"E:\金泰制衣\采购月末处理"中。

小贴士

（1）没有期初记账，将不允许月末结账。

（2）月末结账可以将连续多个月的单据进行结账，但不允许跨月、隔月结账。

（3）当选项中设置审核日期为单据日期时，本月的单据（发票和应付单）在结账前应该全部审核。

（4）当选项中设置审核日期为业务日期时，截止到本月末还有未审核单据（发票和应付单），照样可以进行月结处理。

（5）如果本月的结算单还有未核销的，不能结账。

任务 3.2　销售管理系统月末处理

2014 年 1 月 31 日，会计张丽进行 1 月份销售管理系统月末处理，并将 101 账套备份到"E:\金泰制衣\销售月末处理"中。

销售管理系统和采购管理系统的月末处理一样，都是月末结账。结账只能每月进行一次，一般在当前的会计期间终了时进行。

结账后本月不能再进行发货、开票、代垫费用等业务的增加、删除、修改、审核等处理。如果企业觉得某月的月末结账有错误，可以取消月末结账。

与库存管理系统、存货核算系统联合使用时，本系统的月末结账应先于这些系统的月末结账。

与库存管理系统、存货核算系统联合使用时，这些系统月末结账后，本系统不能取消月末结账。

任务实施

（1）执行"销售→月末结账"命令，打开"月末结账"对话框，蓝条处是当前的会计月，即要结账的月份，如图 6-8 所示。

图 6-8 显示月末结账月份

（2）单击"月末结账"按钮，即可完成结账工作。当前的会计月增大一个月，如图 6-9 所示。

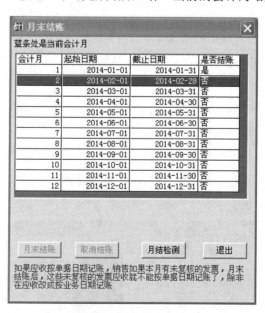

图 6-9 月末结账完毕

（3）单击"退出"按钮返回。

（4）打开"系统管理"，将账套 101 备份到"E:\金泰制衣\销售月末处理"中。

小贴士

（1）上月未结账，本月不能结账。

（2）本月还有未审/复核单据时，结账时系统提示尚有哪些单据未审/复核，企业可以选择继续结账或取消结账。

（3）有未审核的单据系统仍支持月度结账；但年底结账时，所有单据必须审核才能结账。

（4）上月未结账，本月可以增、改、审单据，不影响日常业务的处理。

（5）已结账月份不能再录入单据。

（6）年底结账时，先进行数据备份后再结账。

任务 3.3　库存管理系统月末处理

2014 年 1 月 31 日，会计张丽进行 1 月份库存管理系统月末处理，并将账套备份到"E:\金泰制衣\库存月末处理"中。

 任务分析

库存管理系统的月末处理也是月末结账。结账只能每月进行一次。结账后本月不能再填制单据。结账前企业应检查本会计月工作是否已全部完成，只有在当前会计月所有工作全部完成的前提下，才能进行月末结账，否则会遗漏某些业务。

库存管理系统和采购管理系统及销售管理系统集成使用，必须在采购管理系统和销售管理系统结账后，库存管理系统才能进行结账。

如果库存管理系统和存货核算系统集成使用，必须存货核算系统当月未结账或取消结账后，库存系统才能取消结账。

月末结账之前用户一定要进行数据备份，否则数据一旦发生错误，将造成无法挽回的后果。月末结账后将不能再做当前会计月的业务，只能做下个会计月的日常业务。

当某月结账错了时，可用"取消结账"按钮取消结账状态，然后再进行该月业务处理，再结账。

 任务实施

（1）执行"库存→月末结账"命令，打开"结账处理"对话框，蓝条处是当前的会计月，即要结账的月份，如图 6-10 所示。

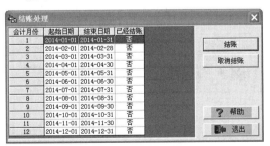

会计月份	起始日期	结束日期	已经结账
1	2014-01-01	2014-01-31	否
2	2014-02-01	2014-02-28	否
3	2014-03-01	2014-03-31	否
4	2014-04-01	2014-04-30	否
5	2014-05-01	2014-05-31	否
6	2014-06-01	2014-06-30	否
7	2014-07-01	2014-07-31	否
8	2014-08-01	2014-08-31	否
9	2014-09-01	2014-09-30	否
10	2014-10-01	2014-10-31	否
11	2014-11-01	2014-11-30	否
12	2014-12-01	2014-12-31	否

图 6-10　显示月末结账月份

（2）单击"结账"按钮，即可完成结账工作。当前的会计月增大一个月，如图 6-11 所示。

会计月份	起始日期	结束日期	已经结账
1	2014-01-01	2014-01-31	是
2	2014-02-01	2014-02-28	否
3	2014-03-01	2014-03-31	否
4	2014-04-01	2014-04-30	否
5	2014-05-01	2014-05-31	否
6	2014-06-01	2014-06-30	否
7	2014-07-01	2014-07-31	否
8	2014-08-01	2014-08-31	否
9	2014-09-01	2014-09-30	否
10	2014-10-01	2014-10-31	否
11	2014-11-01	2014-11-30	否
12	2014-12-01	2014-12-31	否

图 6-11　月末结账完毕

（3）单击"退出"按钮返回。

（4）打开"系统管理"，将账套 101 备份到 E:\金泰制衣\库存月末处理"中。

小贴士

（1）结账只能由有结账权的人进行。

（2）只能对当前会计月进行结账，即只能对最后一个结账月份的下一个会计月进行。

任务 3.4　存货核算管理系统月末处理

2014 年 1 月 31 日，会计张丽进行 1 月份存货核算系统月末处理，并将 101 账套备份到"E:\金泰制衣\存货核算月末处理"中。

任务分析

存货核算管理系统的月末处理也是月末结账。结账只能每月进行一次。结账后本月不能再填制单据。结账前企业应检查本会计月工作是否已全部完成，只有在当前会计月所有工作全部完成的前提下，才能进行月末结账，否则会遗漏某些业务。

如果库存管理系统和存货核算系统集成使用，必须存货核算系统当月未结账或取消结账后，库存系统才能取消结账。

任务实施

（1）执行"核算→月末处理"命令，打开"期末处理"对话框，如图 6-12 所示。

（2）单击"全选"按钮，再单击"确定"按钮，系统弹出"您将对所选仓库进行期末处理，确认进行吗？"提示信息。

（3）单击"确定"按钮，系统弹出"期末处理完毕"提示信息，单击"确定"按钮。

（4）单击"取消"按钮返回。

（5）执行"核算→月末结账"命令，打开"月末结账"对话框，如图 6-13 所示。

（6）单击"确定"按钮，系统弹出"月末结账完成"提示信息，单击"确定"按钮。

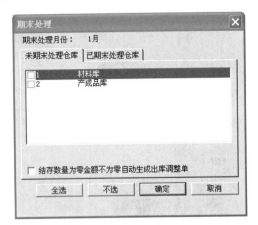

图 6-12 "期末处理"对话框   图 6-13 "月末结账"对话框

（7）退出用友 T3，打开"系统管理"，将账套 101 备份到"E:\金泰制衣\存货核算月末处理"中。

子项目四 对总账管理系统进行月末处理

任务 4.1 自定义并生成转账凭证

自定义转账凭证——计提短期借款利息

金泰制衣截止到 2014 年 1 月 31 日为止已向工商银行借入短期借款 550000 元，短期借款年利率 6%。采用"自定义转账方式"计提短期借款利息，生成凭证并对凭证进行审核记账。

借：财务费用——利息支出 (660301)　　2750　　用 JG()取对方科目计算结果
　　贷：应付利息 (2231)　　　　　　　　　2750　　短期借款（2001）科目的贷方
　　　　　　　　　　　　　　　　　　　　　　　期末余额×0.06/12

当会计期间结束时，企业要完成自动转账、对账与试算平衡、月末结账等特定的工作。

转账分为外部转账和内部转账。

外部转账是指将其他专项核算子系统自动生成的凭证转入到总账管理系统，如工资管理系统有关工资费用分配的凭证、固定资产管理系统有关固定资产增减变动及计提折旧的凭证，购销存管理系统有关采购入库、产成品入库、销售出库、材料领用出库、核销等的凭证。

内部转账就是我们这里所讲的自动转账，是指在总账管理系统内部通过设置凭证模板而自动生成相应的记账凭证。一些期末业务具有较强的规律性，而且每个月都会重复发生，如费用的分配、费用的分摊、费用的计提、税费的计算、成本费用的结转和期间损益的结转等。这些业务的凭证分录是固定的，金额来源和计算方法也是固定的，因而可以利用自动转账功能将处理这些经济业务的凭证模板定义下来，期末时通过调用这些模板来自动生成相关凭证。

1. 转账定义

进行自动转账首先要进行转账定义。转账定义是把凭证的摘要、会计科目、借贷方向以及金额的计算公式预先设置成凭证模板，即自动转账分录，待需要转账时调用相应的自动转账分录生成凭证即可。

采用自定义转账功能可以完成的转账业务主要有：

（1）"费用分配"的结转，如工资分配等；

（2）"费用分摊"的结转，如制造费用等；

（3）"税金计算"的结转，如增值税等；

（4）"提取各项费用"的结转，如提取福利费等；

（5）"部门核算"的结转；

（6）"项目核算"的结转；

（7）"个人核算"的结转；

（8）"客户核算"的结转；

（9）"供应商核算"的结转。

自动转账分录可以分为独立自动转账分录和相关自动转账分录。独立自动转账分录要转账的业务数据与本月其他经济业务无关，而相关自动转账分录要转账的业务数据与本月其他经济业务相关，例如：结转生产成本前应完成制造费用的结转等。

2. 转账生成

定义完转账凭证后，每月月末只需执行"转账生成"功能即可由计算机快速生成转账凭证。在此生成的转账凭证将自动追加到未记账凭证中去，通过审核、记账后才能真正完成结转工作。

由于转账凭证中定义的公式基本上取自账簿，因此，在进行月末转账之前，必须将所有未记账凭证全部记账；否则，生成的转账凭证中的数据就可能不准确。特别是对于一组相关转账分录，必须按顺序依次进行转账生成、审核、记账。

实际操作中应根据需要，选择生成结转方式、结转月份及需要结转的转账凭证，系统在进行结转计算后显示将要生成的凭证，确认无误后，将生成的凭证追加到未记账凭证中。

结转月份为当前会计月，且每月只结转一次。在生成结转凭证时，要注意操作日期，一般在月末进行。

任务实施

（1）以会计方芳的身份进入用友 T3 主界面，登录日期为"2014-01-31"。

（2）执行"总账→期末→转账定义→自定义转账"命令，打开"自动转账设置"窗口。

（3）单击"增加"按钮，打开"转账目录"对话框。输入转账序号 0001、转账说明"计提短期借款利息"，选择凭证类别"转　转账凭证"，如图 6-14 所示。

图 6-14　定义转账目录

（4）单击"确定"按钮，返回"自动转账设置"窗口。输入科目编码 660301、方向"借"，单击"金额公式"右边的 ![]按钮，打开"公式向导"对话框，选择函数名"JG()"，单击"下一步"按钮。打开"公式向导"对话框，如图 6-15 所示。

（5）单击"完成"按钮，单击"增行"按钮，输入科目编码 2231，方向"贷"，单击"金额公式"右边的 ![]按钮，打开"公式向导"对话框，选择函数名"QM()"，单击"下一步"按钮，打开"公式向导"对话框，选择科目"2001"，方向"贷"，如图 6-16 所示。

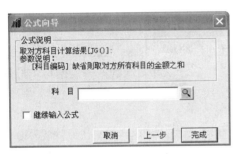

图 6-15　定义借方科目金额公式

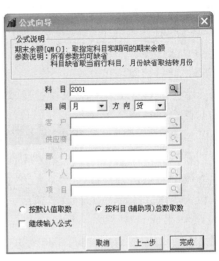

图 6-16　定义贷方科目金额公式

（6）单击"完成"按钮，返回"金额公式"栏，继续输如"*0.06/12"，如图 6-17 所示。

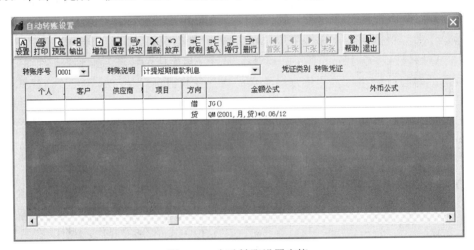

图 6-17　自动转账设置完毕

（7）单击"保存"按钮，单击"退出"按钮返回。

（8）执行"总账→期末→转账生成"命令，打开"转账生成"对话框。

（9）选中"自定义转账"单选按钮（系统默认选项），再单击"全选"按钮，如图 6-18 所示。

（10）单击"确定"按钮，系统自动生成转账凭证，输入附单据数 1。

（11）单击"保存"按钮，凭证左上角出现"已生成"标志，表示系统自动将当前凭证追加到未记账凭证中，如图 6-19 所示。

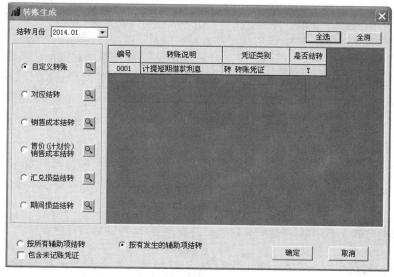

图 6-18 "转账生成"对话框

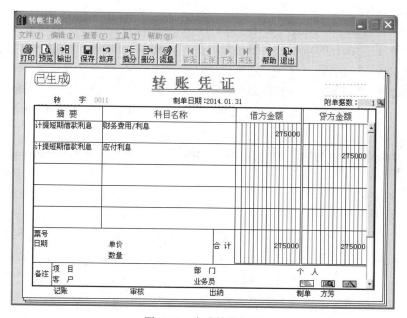

图 6-19 生成转账凭证

（12）张磊对该凭证进行审核。

（13）方芳对该凭证进行记账。

 小贴士

（1）转账序号是该张转账凭证的代号，转账序号不是凭证号，转账凭证的凭证号在每月转账时自动产生。一张转账凭证对应一个转账序号，转账序号可任意定义，但只能输入数字1~9，不能重号。

（2）转账科目、部门只能录入明细级科目、部门。

（3）输入转账计算公式有两种方法：一是直接输入计算公式；二是用公式向导输入公式。

（4）JG()的含义为"取对方科目计算结果"。其中的"()"必须为英文符号，否则系统会提示"金额公式不合法：未知函数名"。

（5）进行转账生成之前，应先将相关经济业务的记账凭证登记入账。

（6）转账凭证每月只生成一次。

（7）生成的转账凭证，仍需审核才能记账。

任务 4.2　期间损益结转

2014 年 1 月 31 日，方芳进行期间损益结转设置，生成转账凭证，相关人员对凭证审核、记账。

期间损益结转用于在一个会计期间终了将损益类科目的余额结转到本年利润科目中，从而及时反映企业利润的盈亏情况。主要是对管理费用、销售费用、财务费用、销售收入、营业外收支等科目的结转。

损益科目结转表中将列出所有的损益科目，如果企业希望某损益科目参与期间损益的结转，则应在该科目所在行的本年利润科目栏填写相应的本年利润科目，若不填本年利润科目，则将不转此损益科目的余额。

损益科目结转表的每一行中的损益科目的期末余额将转到该行的本年利润科目中去。

若损益科目结转表的每一行中的损益科目与本年利润科目都有辅助核算，则辅助账类必须相同。

损益科目结转表中的本年利润科目必须为末级科目，且为本年利润入账科目的下级科目。

（1）执行"总账→期末→转账定义→期间损益"命令，打开"期间损益结转设置"对话框。

（2）输入凭证类别"转账凭证"、本年利润科目"4103"，如图 6-20 所示，单击"确定"按钮。

图 6-20　"期间损益结转设置"对话框

（3）执行"总账→期末→转账生成"命令，打开"转账生成"对话框，选中"期间损益结转"单选按钮（系统默认选项），再单击"全选"按钮，如图 6-21 所示。

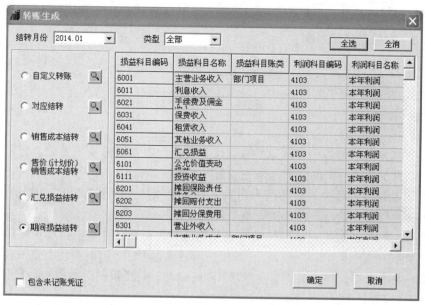

图 6-21　"转账生成"对话框

（4）单击"确定"按钮，系统自动生成转账凭证。单击"保存"按钮，凭证左上角出现"已生成"标志，表示系统已经将当前凭证追加到未记账凭证中，如图 6-22 所示。

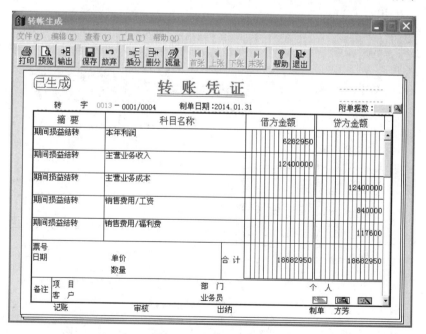

图 6-22　生成转账凭证

（5）张磊对该凭证进行审核。

（6）方芳对该凭证进行记账。

小贴士

在生成期间损益凭证之前一定要对之前生成的自定义转账凭证进行记账。

任务 4.3　对账及试算平衡

2014 年 1 月 31 日，方芳对 1 月份账务进行对账及试算平衡。

对账是对账簿数据进行核对，以检查记账是否正确以及账簿是否平衡。它主要是通过核对总账与明细账、总账与辅助账数据来完成账账核对。

试算平衡就是将系统中设置的所有科目的期末余额按会计平衡公式"借方余额=贷方余额"进行平衡检验，并输出科目余额表及是否平衡等信息。

一般说来，实行计算机记账后，只要记账凭证录入正确，计算机自动记账后各种账簿都应是正确、平衡的，但由于非法操作、计算机病毒或其他原因，有时可能会造成某些数据被破坏，因而引起账账不符。为了保证账证相符、账账相符，应经常使用本功能进行对账，至少一个月一次，一般可在月末结账前进行。

当对账出现错误或记账有误时，系统允许"恢复记账前状态"进行检查、修改，直到对账正确为止。

任务实施

（1）执行"总账→期末→对账"命令，打开"对账"对话框，如图 6-23 所示。

月份	对账日期	对账结果	是否结账	是否对账
2014.01				
2014.02				
2014.03				
2014.04				
2014.05				
2014.06				
2014.07				
2014.08				
2014.09				
2014.10				
2014.11				
2014.12				

选择核对内容：
- ☑ 总账与明细账
- ☑ 总账与部门账
- ☑ 总账与客户往来账
- ☑ 总账与供应商往来账
- ☑ 总账与个人往来账
- ☑ 总账与项目账

图 6-23　"对账"对话框

（2）将光标定位在要进行对账的月份 2014.01，单击"选择"按钮。

（3）单击"对账"按钮，系统开始自动对账，并显示对账结果，如图 6-24 所示。

（4）单击"试算"按钮，对各科目类别余额进行试算平衡，结果如图 6-25 所示。

（5）单击"确认"按钮，单击"退出"按钮返回。

图 6-24　显示对账结果

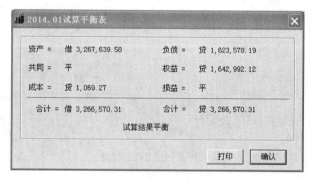

图 6-25　显示试算结果

任务 4.4　结账

2014 年 1 月 31 日，方芳对 1 月份账务进行结账，并将 101 账套备份到 "E:\金泰制衣\总账月末处理" 中。

每月工作结束后，月末都要进行结账。结账前最好进行数据备份。结账后，当月不能再填制凭证，并终止各账户的记账工作。同时，系统会自动计算当月各账户发生额合计及余额，并将其转入到下月月初。本月结账时，系统会进行下列检查工作：

（1）检查本月业务是否已全部记账，有未记账凭证时不能结账；

（2）检查上月是否已结账，上月未结账，则本月不能结账，但可以填制、复核凭证；

（3）核对总账与明细账、总账与辅助账，账账不符则不能结账；

（4）对科目余额进行试算平衡，试算结果不平衡将不能结账；

（5）检查损益类账户是否已结转至本年利润；

（6）当各子系统集成应用时，总账管理系统必须在其他各子系统结账后才能最后结账。

在执行总账年度最后一个会计期间结账时，月度工作报告中增加报告，不管有没有做过两清操作，月度工作报告中会有往来两清提示：未两清客户往来记录 XXX 条；未两清供应商往来记录 XXX 条；未两清个人往来记录 XXX 条。记录较多时，会影响总账结账效率，建议企业进行往来两清操作后再进行年度结转。

结账后，若需取消结账，可以在"结账"对话框中按 Ctrl+Shift+F6 组合键激活"取消结账"功能。

（1）执行"总账→期末→结账"命令，打开"结账"对话框，如图 6-26 所示。

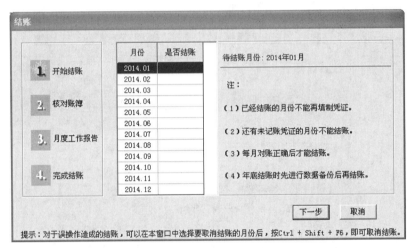

图 6-26　"结账"对话框

（2）单击要结账月份 2014.01，单击"下一步"按钮，如图 6-27 所示。

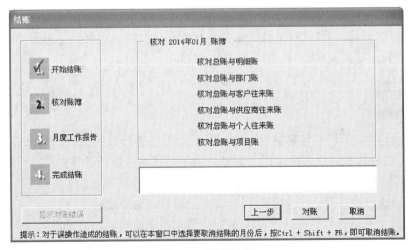

图 6-27　开始结账

（3）单击"对账"按钮，系统对要结账的月份进行账账核对。

（4）单击"下一步"按钮，系统显示"2014 年 01 月工作报告"，如图 6-28 所示。

（5）查看工作报告后，单击"下一步"按钮，单击"结账"按钮。若符合结账要求，系统将进行结账，否则不予结账。

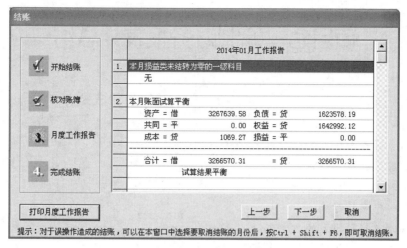

图 6-28　查看工作报告

（6）退出用友 T3，打开"系统管理"，将账套 101 备份到"E:\金泰制衣\总账月末处理"中。

 小贴士

（1）结账只能由有结账权限的人进行。

（2）本月还有未记账凭证时，则本月不能结账。

（3）结账必须按月连续进行，上月未结账，则本月不能结账。

（4）若总账与明细账对账不符，则不能结账。

（5）总账系统如果与其他子系统集成使用，其他子系统未全部结账，则总账系统不能结账。

（6）结账前，要进行数据备份。

（7）结账只能每月进行一次。

（8）已结账月份不能再填制凭证。

项目七　编制财务报表并总结

①了解财务报表系统的主要功能。
②理解财务报表基本概念。
③熟悉报表的编制流程。
④了解简单报表的结构。
⑤掌握编制自定义报表的方法。
⑥掌握利用报表模板编制报表的方法。

①能编制自定义报表。
②能利用报表模板编制报表。

通过编制财务报表，使学生具有通盘考虑的素质。

　　金泰制衣于 2014 年 1 月 1 日起用 T3 来管理企业的财务和业务，通过总账管理系统和其他子系统的记账、核算工作，把企业发生的各项经济业务登记到会计账簿中。但是会计账簿记录的会计信息仍然是分散的、部分的，并不能就企业某一会计期间的经济活动的整体情况集中地反映和揭示该会计期间经营活动和财务收支的全貌。因此，会计主管张磊应该设计、编制出 2014 年 1 月份的财务报表，并及时提供给企业领导层，为企业做出准确、有效、合理的决策提供基础和依据。

子项目一　启用财务报表系统

任务 1.1　启用财务报表

2014 年 1 月 31 日，会计主管张磊启用财务报表系统，并新建一张空报表。

　　（一）了解财务报表
使用财务报表系统处理会计报表之前，首先应启用财务报表系统。

在用友 T3 中，财务报表系统独立于总账系统，可以单独登录使用，它为企业内部各管理部门及外部相关部门提供综合反映一定时期财务状况、经营成果和现金流量的会计信息。同时该系统还和其他各子系统之间存在着完善的接口，具有强大的报表编制和数据处理功能，利用报表系统的功能既可以编制各种对外报表，也可以编制内部报表。

财务报表系统的主要功能包含以下 7 个方面：

1. 提供各行业报表模板

提供 21 个行业的标准财务报表模板，可轻松生成复杂报表。提供自定义模板的功能，可以根据本单位的实际需要定制模板。

2. 文件管理功能

文件管理是对报表文件的创建、读取、保存和备份进行管理。支持多个窗口同时显示和处理，可同时打开的文件和图形窗口多达 40 个。提供了标准财务数据的"导入"和"导出"功能，可以和其他流行财务软件交换数据。

3. 格式管理功能

提供了丰富的格式设计功能，如设组合单元、画表格线、调整行高列宽、设置字体和颜色、设置显示比例等等，可以制作各种要求的报表。

4. 数据处理功能

财务报表以固定式管理大量不同的表页，能将多达 99999 张具有相同格式的报表资料统一在一个报表文件中管理，并且在每张表页之间建立有机的联系。提供了排序、审核、舍位平衡、汇总功能；提供了绝对单元公式和相对单元公式，可以方便、迅速地定义计算公式；提供了种类丰富的函数，可以从各子系统中取数生成财务报表。

5. 图表管理功能

采用图文混排，可以很方便地进行图形数据组织，制作包括直方图、立体图、圆饼图、折线图等 10 种图式的分析图表，可以编辑图标的位置、大小、标题、字体、颜色等，并打印输出图表。

6. 打印功能

采用"所见即所得"的打印，报表和图形都可以打印输出。提供"打印预览"，可以随时观看报表或图形的打印效果。报表打印时，可以打印格式或数据，可以设置财务表头和表尾，可以在 0.3 到 3 倍之间进行缩放打印，可以横向或纵向打印等等，支持对象的打印及预览。

7. 二次开发功能

提供批命令和自定义菜单，自动记录命令窗中输入的多个命令，可将有规律的操作过程编制成批命令文件。提供了 Windows 风格的自定义菜单，综合利用批命令，可以在短时间内开发出本企业的专用系统。

（二）理解报表的基本概念

1. 格式状态和数据状态

报表系统将含有数据的报表分为两大部分来处理，即报表格式设计工作与报表数据处理工作。报表格式设计工作和报表数据处理工作是在不同的状态下进行的。实现状态切换的是一个特别重要的按钮——"格式/数据"按钮，单击这个按钮可以在格式状态和数据状态之间切换。

（1）格式状态。

在格式状态下设计报表的格式，如表尺寸、行高列宽、单元属性、单元风格、组合单元、关键字、可变区和报表各类公式等。

在格式状态下所做的操作对本报表所有的表页都发生作用。在格式状态下不能进行数据的录入、计算等操作。在格式状态下时，看到的是报表的格式，报表的数据全部都隐藏了。

（2）数据状态。

在数据状态下管理报表的数据，如输入数据、增加或删除表页、审核、舍位平衡、做图形、汇总、合并报表等。在数据状态下不能修改报表的格式。在数据状态下时，看到的是报表的全部内容，包括格式和数据。

2．单元

单元是组成报表的最小单位，单元名称由所在行、列标识。行号用数字 1～9999 表示，列标用字母 A-IU 表示。例如：E35 表示第 5 列第 35 行所在的单元。

3．单元类型

单元类型有 3 种：数值单元、字符单元和表样单元。

（1）数值单元。

数值单元是报表的数据，在数据状态下（"格式/数据"按钮显示为"数据"时）输入。数值单元的内容可以是 1.7*(10E-308)～1.7*(10E+308) 之间的任何数（15 位有效数字），数字可以直接输入或由单元中存放的单元公式运算生成。建立一个新表时，所有单元的类型缺省为数值。

（2）字符单元。

字符单元是报表的数据，在数据状态下（"格式/数据"按钮显示为"数据"时）输入。字符单元的内容可以是汉字、字母、数字及各种键盘可输入的符号组成的一串字符，字符单元的内容也可由单元公式生成。

（3）表样单元。

表样单元是报表的格式，是定义一个没有数据的空表所需的所有文字、符号或数字。一旦单元被定义为表样，那么在其中输入的内容对所有表页都有效。

4．区域

区域由一张表页上的一组单元组成，自起点单元至终点单元是一个完整的长方形矩阵。在财务报表中，区域是二维的，最大的区域是一个二维表的所有单元（整个表页），最小的区域是一个单元。

5．组合单元

组合单元是由相邻的两个或更多的单元组成，这些单元必须是同一种单元类型（表样、数值、字符），财务报表在处理报表时将组合单元视为一个单元。

可以组合同一行相邻的几个单元，可以组合同一列相邻的几个单元，也可以把一个多行多列的平面区域设为一个组合单元。

组合单元的名称可以用区域的名称或区域中的单元的名称来表示。例如把 B2 到 B3 定义为一个组合单元，这个组合单元可以用"B2""B3"或"B2:B3"表示。

6．表页

一个财务报表最多可容纳 99999 张表页，表页是由许多单元组成的。一个报表中的所有表页具有相同的格式，但其中的数据不同。表页在报表中的序号在表页的下方以标签的形式出现，称为"页标"，页标用"第 1 页"至"第 99999 页"表示。

7．关键字

关键字是游离于单元之外的特殊数据单元，可以唯一标识一个表页，用于在大量表页中快速选择表页。财务报表共提供了以下 6 种关键字，关键字的显示位置在格式状态下设置，关键字的值则在数据状态下录入，每个报表可以定义多个关键字。

（1）单位名称：字符型（最大 28 个字符），为该报表表页编制单位的名称。

（2）单位编号：字符型（最大 10 个字符），为该报表表页编制单位的编号。

（3）年：数字型（1980～2099），该报表表页反映的年度。

（4）季：数字型（1～4），该报表表页反映的季度。

（5）月：数字型（1～12），该报表表页反映的月份。

（6）日：数字型（1～31），该报表表页反映的日期。

除此之外，财务报表有自定义关键字功能，可以用于业务函数中。

8. 固定区和可变区

固定区是组成一个区域的行数和列数的数量是固定的数目。一旦设定好以后，在固定区域内其单元总数是不变的。

可变区是屏幕显示一个区域的行数或列数是不固定的数字，可变区的最大行数或最大列数是在格式设计中设定的。在一个报表中只能设置一个可变区，或是行可变区或是列可变区。行可变区是指可变区中的行数是可变的；列可变区是指可变区中的列数是可变的。

设置可变区后，屏幕只显示可变区的第一行或第一列，其他可变行列隐藏在表体内。在以后的数据操作中，可变行列数随着您的需要而增减。

有可变区的报表称为可变表，没有可变区的表称为固定表。

任务实施

（1）以会计主管张磊的身份进入用友 T3 主界面，登录日期为 2014-01-31。

（2）单击左侧的"财务报表"按钮，进入财务报表系统，如图 7-1 所示。

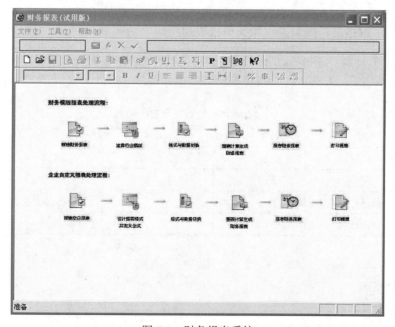

图 7-1　财务报表系统

（3）执行"文件→新建"命令，打开"新建"对话框，选择左侧列表框中的"常用"选项，在右侧列表框中选择"空报表"选项，单击"确定"按钮，建立一张空白报表，报表名默认为 report1，如图 7-2 所示。

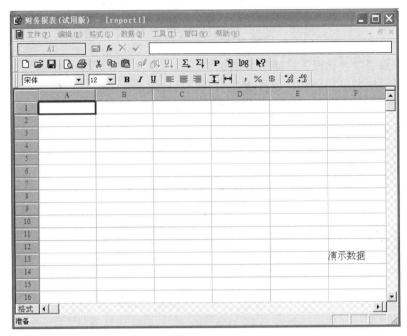

图 7-2　新建空报表

子项目二　编制财务报表—自定义报表

任务 2.1　了解报表的编制流程和简单报表的结构

会计主管张磊要设计一张如表 7-1 所示的货币资金表，需要在财务报表系统中自定义其报表格式。

表 7-1　货币资金表

编制单位：　　　　年　月　日　　　　　　　　单位：元

项　目	行　次	期 初 数	期 末 数
现金	1		
银行存款	2		
合计	3		

制表人：

（一）了解报表的编制流程

企业在财务报表系统制作报表时，可以进行自定义报表，也可以根据系统内置的报表模板生成报表，基本流程如图 7-3 所示。金泰制衣要自定义一张货币资金表，适合"格式设计二"。

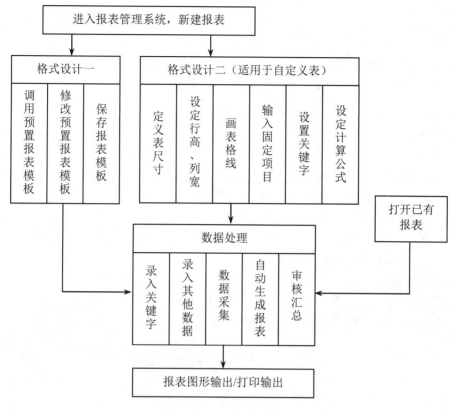

图 7-3 财务报表编制流程

（二）了解简单报表的结构

简单报表一般由四个基本要素组成：标题、表头、表体和表尾。以货币资金表为例，如表 7-2 所示。

表 7-2 简单表的结构

| 货币资金表 | | | | ← 标题 |

| 编制单位： 年 月 日 | | | 单位：元 | ← 表头 |

项目	行次	期初数	期末数	
现金	1			
银行存款	2			表体
合计	3			

| 制表人： | | | | ← 表尾 |

（1）标题：用来描述报表的名称。

（2）表头：一般包括编制单位名称、编制时间、金额单位等信息。

（3）表体：报表的核心，决定报表的横向和纵向组成。

（4）表尾：进行辅助说明的部分，包括编制人、审核人等信息。

任务 2.2　设置报表尺寸

设置表 4-1 的表尺寸为 7 行 4 列。

任务分析

报表的结构确定好以后，紧接着就该进行报表格式设计。

报表格式设计内容主要包括：设置报表尺寸、表标题、表日期、表头、表尾和表体固定栏目、画表格线、设置单元属性、单元风格等。

在定义报表表样的时候，注意状态栏应为格式状态。报表表样定义完之后，在格式状态下可以查看和修改，在数据状态下不能修改，只能查看。

设置报表表尺寸是指设置报表的行数和列数。

任务实施

（1）确认空白报表底部左下角的"格式/数据"按钮当前状态为格式状态。

（2）执行"格式→表尺寸"命令，打开"表尺寸"对话框，如图 7-4 所示。

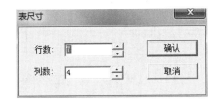

图 7-4　设置表尺寸

（3）直接输入或单击对话框上中微调按钮输入行数"7"、列数"4"。

（4）单击"确定"按钮返回。

任务 2.3　输入表内文字

输入如表 4-2 所示的表内文字，包括表头、表体和表尾（关键字值除外）。

任务分析

表内文字指表头、表体和表尾（关键字值除外）。在格式状态下定义了单元内容自动默认为表样型，定义为表样型的单元在数据状态下不允许修改和删除。

任务实施

（1）在 A1 单元中输入"货币资金表"，按回车键。

（2）按表 4-2 的内容在相应单元中输入，完成后如图 7-5 所示。

图 7-5　输入表内文字

任务 2.4　定义行高和列宽

定义第 1 行的行高为 8，第 2～7 行的行高为 7，A 列的列宽为 30。

**任务分析**

如果报表某些单元的行或列要求比较特殊，则需要调整该行的行高或列宽。

**任务实施**

（1）选定第一行中的任意单元。

（2）执行"格式→行高"命令，打开"行高"对话框，输入行高值"8"，如图 7-6 所示。单击"确定"按钮，完成第 1 行的行高设置，同理完成第 2～7 行的行高设置。

（3）选中需要调整的单元所在的 A 列，执行"格式→列宽"命令，打开"列宽"对话框输入列宽值 30，如图 7-7 所示。单击"确认"按钮。

图 7-6　设置行高

图 7-7　设置列宽

任务 2.5　划表格线

为报表 A3:D6 区域画上网格线。

任务分析

报表尺寸设置完成后，在数据状态下，该报表没有任何表格线，为了满足报表查询与打印的需要，还应为报表划上表格线。

任务实施

（1）选定报表要画线的区域"A3:D6"。

（2）执行"格式→区域画线"命令，打开"区域画线"对话框，如图 7-8 所示。

图 7-8　"区域画线"对话框

（3）选中"网线"单选按钮，单击"确认"按钮，将所选区域画上表格线。

 小贴士

（1）要画斜线，选择"正斜线"或"反斜线"和线形。

（2）要删除斜线，选择"正斜线"或"反斜线"，线形选"空线"。

任务 2.6　定义组合单元

将 A1 到 D1 的单元组合在一起。

任务分析

有些内容如标题、编制单位、日期及货币单位等信息可能一个单元容纳不下，为了实现这些内容的输入和显示，需要进行单元的组合。

任务实施

（1）选择需要组合的区域 A1:D1。

（2）执行"格式→组合单元"命令，打开"组合单元"对话框。

（3）选择组合方式为"整体组合"或"按行组合"，如图 7-9 所示，该单元即组合成一个单元。

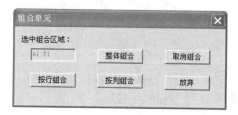

图 7-9 "组合单元"对话框

 小贴士

（1）组合单元实际上就是一个大的单元，所有对单元的操作对组合单元均有效。若取消所定义的组合单元，可在"组合单元"对话框中单击"取消组合"按钮。

（2）定义组合单元后，组合单元的单元类型和内容以区域左上角单元为准。

任务 2.7 设置单元风格

按以下要求设置表内字体格式：

（1）标题：设置为"楷体_GB2312、14 号、居中"。

（2）表头：编制单位及金额单位设置为"楷体_GB2312、12 号"。

（3）表体：表体中文字设置为"宋体、10 号、居中"。

（4）表尾：设置为"楷体_GB2312、12 号、右对齐"。

 任务分析

单元风格主要是指单元内容的字体、字号、字型、对齐方式、背景图案等，设置单元风格会使报表更符合阅读习惯，更加美观清晰。

 任务实施

（1）选中标题所在的组合单元 A1。

（2）执行"格式→单元属性"命令，打开"单元格属性"对话框。

（3）打开"字体图案"选项卡，设置字体为"楷体_GB2312"、字号为 14 号，如图 7-10 所示。

图 7-10 设置字体

（4）打开"对齐"选项卡，设置水平与垂直对齐方式为"居中"，如图 7-11 所示。单击"确定"按钮。

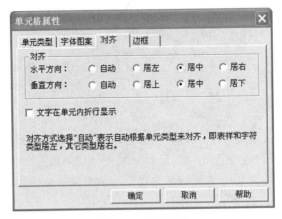

图 7-11　设置对齐

（5）同理设置其他字体。

任务 2.8　设置单元属性

设置 D7 单元的属性为字符。

把需要输入数字的单元定义为数值单元，把需要输入字符的单元定义为字符单元。

（1）选中 D7 单元。

（2）执行"格式→单元属性"命令，打开"单元格属性"对话框。

（3）打开"单元类型"选项卡，在"单元类型"列表框中选择"字符"选项，如图 7-12 所示。单击"确定"按钮。

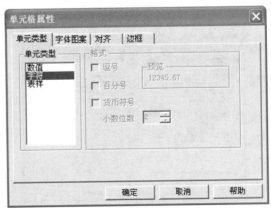

图 7-12　设置单元属性

小贴士

（1）格式状态下输入内容的单元均默认为表样单元，未输入内容的单元均默认为数值单元。

（2）在数据状态下可输入数值，若希望在数据状态下输入字符，应将其定义为字符单元。

（3）字符单元和数值单元输入后只对本表页有效，表样单元输入后对所有表页有效。

（4）想要删除单元的边框线，把它再一次定义为空即可。

（5）想要在单元中画斜线，请使用"区域画线"功能。

任务 2.9　设置关键字

在 B2 单元中设置关键字"年"，在 C2 单元中设置关键字"月""日"，并设置"月"关键字偏移量为"-30"，设置完毕，保存该表，文件名为"货币资金表.rep"。

任务分析

关键字在格式状态下定义，其数值在数据状态下输入。每张报表可以同时定义多个关键字。如果关键字设置错误，先取消后再重新设置。

任务实施

（1）选中需要输入关键字的单元 B2。

（2）执行"数据→关键字→设置"命令，打开"设置关键字"对话框。

（3）选中"年"单选按钮，如图 7-13 所示。单击"确定"按钮。

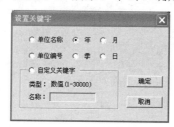

图 7-13　"设置关键字"对话框

（4）同理，在 C2 单元中设置"月""日"关键字。

（5）执行"数据→关键字→偏移"命令，打开"定义关键字偏移"对话框。

（6）在需要调整位置的关键字后面输入偏移量。设置"月"为"-30"，如图 7-14 所示。单击"确定"按钮。

图 7-14　定义关键字偏移

（7）至此，企业自定义的货币资金表的格式设计就完成了，如图 7-15 所示。

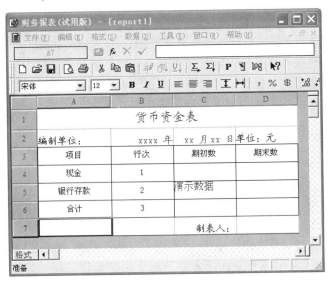

图 7-15　货币资金表格式设计完毕

（8）执行"文件→另存为"命令，选择保存文件夹的目录，输入报表文件名"货币资金表"，选择保存类型为.rep，单击"保存"按钮。

 小贴士

（1）每个报表可以同时定义多个关键字。

（2）如果要取消关键字，则选择"数据→关键字→取消"命令。

（3）关键字的位置可以用偏移量来表示，负数值表示向左移，正数值表示向右移。在调整时，可以通过输入正或负的数值来调整。

（4）每个关键字只能定义一次，第二次定义一个已经定义的关键字时，系统自动取消第一次的定义。

任务 2.10　直接录入单元公式

定义 C6 单元公式，即"现金"与"银行存款"的合计数。

报表的格式设计好以后，下一步就要进行报表公式的定义。

系统中公式共有 3 种，即单元公式、审核公式和舍位公式。

（1）单元公式：可定义报表数据间的运算关系。

（2）审核公式：用于审核报表内或报表间的勾稽关系是否正确。

（3）舍位公式：用于报表数据进行进位或小数取整后重新调整平衡关系。

单元公式也叫计算公式，是在格式状态下进行定义的。计算公式定义了报表数据之间的关系，可以实现财务报表系统从其他系统取数，在报表单元中输入"="就可以直接定义计算公式。

（1）选中需要定义公式的单元 C6。

（2）执行"数据→编辑公式→单元公式"命令，打开"定义公式"对话框。

（3）在"定义公式"对话框内直接输入"C4+C5"，如图 7-16 所示。单击"确认"按钮。

图 7-16　定义单元公式

任务 2.11　调用账务函数定义单元公式

定义 D5 单元公式，即"银行存款"期末数。同理定义 C4、C5 与 D4 单元公式。

账务函数又叫做账务取数公式，也可以称为账务取数函数。其基本格式为：

函数名("科目编码",会计期间,["方向"],["账套号"],[会计年度],[编码1], [编码2])

账务函数主要有以下几个：

总账函数	金额式	数量式	外币式
期初函数	QC()	SQC()	WQC()
期末函数	QM()	SQM()	QWM()
发生函数	FS()	SFS()	WFS()
累计发生函数	LFS()	SLFS()	WLFS()
条件发生函数	TFS()	STFS()	WTFS()
对方科目发生函数	DFS()	SDFS()	WDFS()
净额函数	JE()	SJE()	WJE()
汇率函数	HL()		

（1）选中被定义单元 D5，即"银行存款"期末数。

（2）单击"f_x"按钮，打开"定义公式"对话框。

（3）单击"函数向导"按钮，打开"函数向导"对话框。

（4）在"函数分类"列表框中选择"用友账务函数"选项，在"函数名"列表框中选择"期末（QM）"选项，如图 7-17 所示。单击"下一步"按钮，打开"用友账务函数"对话框。

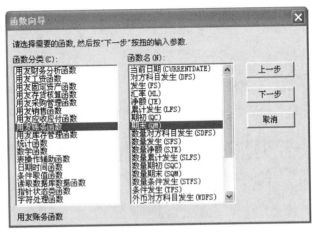

图 7-17　"函数向导"对话框

（5）单击"参照"按钮，打开"账务函数"对话框。

（6）科目输入 1002，其余各项均采用系统默认值，如图 7-18 所示。单击"确定"按钮，返回"用友账务函数"对话框。

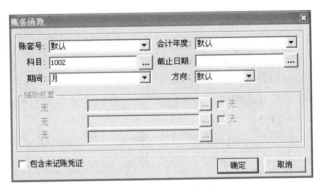

图 7-18　定义账务函数

（7）单击"确定"按钮，返回"定义公式"对话框，单击"确认"按钮。

（8）同理，输入其他单元公式。

任务 2.12　定义单元公式、审核公式、舍位平衡公式

使用函数向导，定义 D6 单元公式为列合计，并保存报表。

（一）审核公式

报表中的各个数据之间一般都存在某种勾稽关系，利用这种勾稽关系可定义审核公式，可以进一步检验报表编制的结果是否正确。

审核公式可以验证表页中数据的勾稽关系，也可以验证同表中不同表页之间的勾稽关系，还可以验证不同报表之间的数据勾稽关系。

审核公式由验证关系公式和提示信息组成。

审核公式的格式如下：

＜表达式＞＜逻辑运算符＞＜表达式＞［MESS＜说明信息＞］

逻辑运算符有＝、＞、＜、＞＝、＜＝、＜＞。

审核公式可以有多种表示，主要用来说明报表中某一单元与另一单元或单元区域或其他字符之间的逻辑关系。

"说明信息"是用来说明在报表数据不满足审核关系式的情况下，系统应显示出的提示内容。

（二）舍位平衡公式

用于对进位后的数据按设置的舍位平衡公式进行微调，以使经过进位处理后的数据自动恢复平衡关系。

在报表汇总或合并时，如以"元"为单位的报表上报，可能会转换为以"千元"或"万元"为单位的报表，原来的数据平衡关系可能被破坏，因此需要调整，使之符合指定的平衡公式。报表经舍位后，重新调整平衡关系的公式称为舍位平衡公式。

任务实施

（1）选定被定义单元 D6，单击"f_x"按钮，打开"定义公式"对话框。

（2）单击"函数向导"按钮，打开"函数向导"对话框。

（3）在"函数分类"列表框中选择"统计函数"选项，在"函数名"列表框中选中 PTOTAL 选项，如图 7-19 所示。

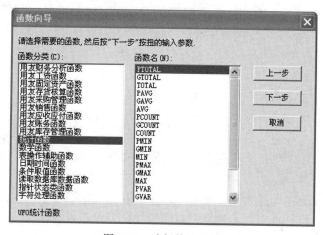

图 7-19 选择统计函数

（4）单击"下一步"按钮，打开"固定区统计函数"对话框。

（5）在"固定区区域"文本框中输入"D4:D5"，如图 7-20 所示。

（6）单击"确认"按钮。定义完成后如图 7-21 所示。

（7）单击"保存"按钮返回。

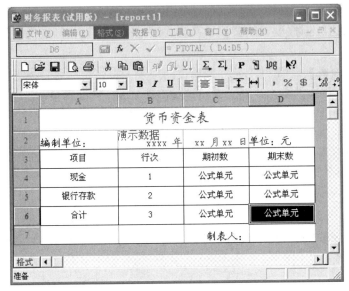

图 7-20 "固定区统计函数"对话框

图 7-21 公式定义完成

 小贴士

（1）账务取数公式必须在半角英文标点状态下输入。

（2）函数名可用大写字母，也可用小写字母来表示。

（3）公式中各定义项均可用双引号括起来，其中"方向"和"账套号"必须用双引号。

（4）输入公式时，某些定义项可省略，但除公式中最后两个编码定义项外，相应的间隔逗号不能省略。

（5）报表格式设置完以后切记要及时将这张报表格式保存下来，以便以后随时调用。

（6）如果没有保存就退出，系统会出现提示"是否保存报表？"，以防止误操作。

（7）.rep 为用友报表文件专用扩展名。

任务 2.13 切换到数据状态

打开"货币资金表"，切换报表由格式状态变为数据状态。

报表格式和报表中的各类公式定义好之后，就可以进行报表数据处理了。报表的数据包括报表单元的数值和字符以及游离于单元之外的关键字。数值单元只能生成数字，而字符单元既能生成数字又能生成字符。数值单元和字符单元可以由公式生成也可以由键盘输入，而关键字则必须由键盘输入。

由于报表数据处理必须在数据状态下进行，所以首先要确保报表左下角的"格式/数据"处在"数据"状态下。在数据状态下，可以显示报表的全部内容，包括报表的格式和数据，但不能进行修改报表格式的操作。

（1）打开财务报表系统，执行"文件→打开"命令。

（2）选择存放报表格式的文件夹中的报表文件"货币资金表.rep"，单击"打开"按钮。

（3）确保报表底部左下角的"格式/数据"按钮的当前状态为"数据"状态，如图 7-22 所示。

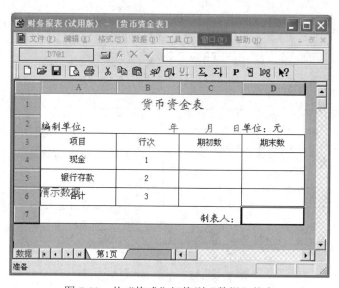

图 7-22　从"格式"切换到"数据"状态

任务 2.14　录入关键字

输入关键字"2014 年 1 月 31 日"，并保存"货币资金表"。

生成的会计报表一般都与单位名称和日期有密切联系，在定义报表结构时，可以定义"单

位名称""年""月""日"为报表的关键字，可以通过在数据状态下输入定义的关键字的值，从而实现报表生成具体数据的目的。

报表中可以有多个表页，整表重算就是这张表上的所有表页都重新计算，表页重算就只是当前表页重新计算。要重新计算所有表页的单元公式，企业可在数据状态下执行"数据→整表重算"命令；如果只是重新计算当前表页中的单元公式，其他表页不重算。则可以执行"数据→表页重算"命令。当表页设置了"表页不计算"之后，无论任何情况下，表页中的单元公式都不再重新计算。

（1）执行"数据→关键字→录入"命令，打开"录入关键字"窗口。

（2）输入 2014 年、1 月、31 日。单击"确认"按钮，系统弹出"是否重算第 1 页？"提示信息。

（3）单击"是"按钮，系统会自动根据单元公式计算 1 月份数据，如图 7-23 所示。单击"否"按钮，系统不计算 1 月份数据，以后可利用"表页重算"功能生成 1 月份数据。

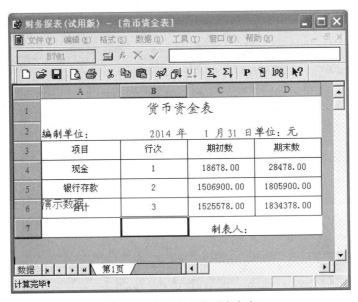

图 7-23　自动生成货币资金表

 小贴士

在格式状态下设置关键字，在数据状态下录入关键字的值，每张表页上的关键字的值最好不要完全相同（如果有两张关键字的值完全相同的表页，则利用筛选条件和关联条件寻找表页时，只能找到第一张表页）。

子项目三　编制财务报表—利用报表模板

任务 3.1　利用报表模板生成报表

张磊调用资产负责表和利润表模板，修改公式，生成数据。做完此业务，将 101 账套备份到"E:\金泰制衣\财务报表"中。

任务分析

用友财务报表工具提供了常用的报表模板，主要包括常用报表模板和自定义报表模板。

用友提供了包括工业企业、商品流通企业和农业企业等在内的 21 个行业的标准报表模板，提供了包括资产负债表、利润分配表、损益表等在内的报表模板，企业可以根据实际情况选择。当然也可以在报表模板的基础上进行修改，使之能够适合企业财务报告的要求。

自定义模板提供了企业根据实际需要所自行编制的报表模板，把经过自行设计的报表作为模板，以便于今后自行使用。

任务实施

（1）新建一张空白报表，在格式状态下，执行"格式→报表模板"命令，打开"报表模板"对话框。

（2）选择所在的行业"一般企业（2007 年新会计准则）"，财务报表"资产负债表"，如图 7-24 所示。

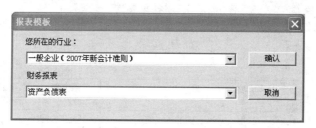

图 7-24　调用资产负债表模板

（3）单击"确认"按钮，系统弹出"模板格式将覆盖本表格式！是否继续？"提示信息。

（4）单击"确定"按钮，打开"资产负债表"模板。

（5）在格式状态下，根据企业实际情况，调整报表格式以及报表公式。

（6）切换至数据状态，执行"数据→关键字→录入"命令，打开"录入关键字"对话框。

（7）输入关键字：年为 2014、月为 01、日为 31。

（8）单击"确认"按钮，系统弹出提示"是否重算第 1 页？"对话框。单击"是"按钮，系统会自动根据单元公式计算 1 月份数据，如图 7-25 所示。

（9）执行"文件→保存"命令，将生成的报表数据保存，文件名为"资产负债表"。

（10）同理生成利润表，如图 7-26 所示，执行"文件→保存"命令，将生成的报表数据保存，文件名为"利润表.rep"。

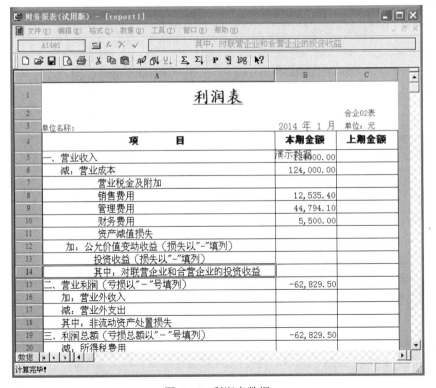

图 7-25　资产负债表数据

图 7-26　利润表数据

（11）退出用友 T3，登录系统管理，将 101 账套备份到"E:\金泰制衣\财务报表"中。

子项目四　对试行进行总结

任务 4.1　对试行进行总结

2014 年 2 月 1 日，张磊对 1 月份的试行进行总结。

总的说来，张磊认为金泰制衣 2014 年 1 月份手工与计算机并行处理会计业务是成功的、可行的、值得借鉴的。

用友 T3 财务业务一体化的设计（如图 7-27 所示）适合金泰制衣的实际情况，当初选择用友 T3 是明智的。

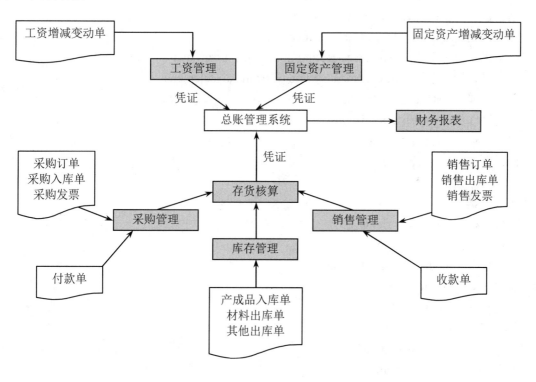

图 7-27　财务业务一体化

附录　常用术语中英文对照

硬件：hardware
软件：software
财务软件：financial software
安装步骤：installation steps
注意事项：dos and don'ts
总账管理系统：general ledger management system
工资管理系统：payroll management system
固定资产管理系统：fixed assets management system
采购管理系统：procurement management system
销售管理系统：sales management system
库存管理系统：inventory management system
存货核算管理系统：inventory accounting management system
财务报表管理系统：management system of financial statements
系统管理：system management
系统管理员：system administrator
账套主管：accounting supervisor
操作员：console operator
口令：command
账套：set of books
操作员权限：operator rights
启用系统：enable system
修改账套：modify the set of books
备份账套：backup account
恢复账套：recovery of account
基础档案：basis archives
部门档案：department of archives
职业档案：occupation archives
地区分类：geographic classification
客户分类：customer classification
客户档案：customer files
供应商档案：supplier file
外币设置：foreign currency settings
会计科目：accounting subjects
辅助项目：assist project
科目性质：subject nature

账页格式：account page format

科目编码：course code

级次：orders

日记账：journals

银行账：bank account

指定会计科目：the specified accounting subjects

凭证分类：document classification

项目目录：the project directory

结算方式：method of settling accounts

付款条件：term of payment

开户银行：bank of deposit

参数设置：parameter setting

期初余额：beginning balance

数量核算：the number of accounting

试算平衡：trial balancing

系统初始化：system initialization

参数初始化：parameter initialization

人员类别：personnel category

人员档案：personnel file

工资项目：salary project

设置：set up

参数：parameters

固定资产类别：fixed asset classes

对应科目：mate account

期初余额：initial balance

存货档案：inventory profile

仓库档案：the warehouse files

收发类别：transmit-receive categories

存货科目：inventory subject

客户往来科目：customer's subject

供应商往来科目：supplier's subject

期初记账：initial billing

客户往来：customer's account

供应商往来：supplier's account

账户：accounting

凭证：voucher

会计核算：accounting calculation

外汇结算：foreign exchange settlement

往来账户：current account

固定资产增加：additions to fixed assets

固定资产减少：reduce fixed assets

固定资产原值：original value of fixed assets

变动：variation

部门：department

转移：transfer

采购订单：purchase order

采购入库单：purchase warehouse warrant

入库凭证：inventory voucher

采购发票：purchase invoice

采购结算：purchase settlement

付款结算：payment settlement

付款核销：payment verification

销售订单：sales order

销售出库单：sales outbound

出库凭证：outbound credentials

销售发票：sales slip

收款结算：proceeds settlement

产成品入库单：finished goods warehouse-in records

材料出库单：materials delivered note

产成品成本分配：finished goods cost allocation

个人所得税：income tax for individuals

纳税基数：the tax base

附加费用：additional charges

费用分摊：the wage cost allocation

工资汇总表：payroll recapitulation

工资分析表：a payroll analysis sheet

固定资产折旧：depreciation of fixed assets

明细表：breakdown

支票登记簿：check register

计提折旧：provision for depreciation

费用：cost

凭证审核：voucher Audit

出纳签字：cashier signature

凭证：voucher

记账：keep accounts

反记账：anti bookkeeping

银行对账：bank reconciliation

现金日记账：cash journal

银行存款日记账：bank deposit journal

银行对账单：bank statement

会计账簿：accounting book

基本会计账簿：basic accounting book

辅助会计账簿：auxiliary accounting book

总账：general ledger

明细账：subsidiary ledger

月末处理：end treatment

工资项目：salary project

工资分摊：salary allocation

资产折旧：depreciation of assets

固定资产原始卡片：fixed assets original card

累计折旧：accumulated depreciation

库存商品：merchandise inventory

销售管理：sale management

对账：reconciliation

自动转账：automatic transfer

试算平衡：trial balancing

损益：profit and loss

月末结账：end of the month carries

功能：function

设计：design

关键字：key words

自定义：custom

公式：formula

函数：function

模板：templete

资产负债表：balance sheet

利润表：profit statement

参考文献

[1] 刘志红，顾爱春. 新编会计信息化应用（用友 T3 版）. 南京：南京大学出版社，2010.

[2] 姚军胜，周蕾. 新编会计信息化应用实训（用友 T3 版）. 南京：南京大学出版社，2010.

[3] 金玲. 会计电算化（用友 T3 会计信息化专版）. 北京：清华大学出版社，2010.

[4] 毛华扬. 会计电算化原理与实务——基于用友 T3. 北京：中国人民大学出版社，2012.

[5] 黄新荣. 会计电算化应用教程——用友 T3. 北京：人民邮电出版社，2014.

[6] T3-企业管理信息化软件教育专版"帮助"信息.